문답식 교리공부

Essential Truths in the Heart of a Christian

ⓒ 2009 by Dutch Reformed Translation Society
Originally published in Dutch in 1738.
Published in English under the title *Essential Truths in the Heart of a Christian*
by Reformation Heritage Books, Grand Rapids, MI, USA.

This Korean edition is translated from the English edition and used by permission
of Reformation Heritage Books through rMaeng2, Seoul, Republic of Korea.

This Korean Edition ⓒ 2022 by Reformed Practice Books, Seoul, Republic of Korea.

문답식 교리공부

지은이   빌헬무스 스코팅후이스
펴낸이   김종진
초판 발행 2022. 3. 2.
등록번호 제2018-000357호
등록된 곳 서울특별시 강남구 선릉로107길 15, 202호
발행처   개혁된실천사
전화번호 02)6052-9696
이메일   mail@dailylearning.co.kr
웹사이트 www.dailylearning.co.kr

책값은 뒤표지에 있습니다.
ISBN 979-11-89697-31-0 03230

네덜란드 개혁교회의 유산인

문답식 교리공부

빌헬무스 스코팅후이스 지음

개혁된실천사

목차

네덜란드 개혁파 문헌 발간사

후속 종교개혁^{The Nadere Reformatie}('네덜란드 제2 종교개혁'이라고도 함)은 17세기와 18세기의 영국 청교도주의와 역사적, 영적 발전의 궤를 같이한다. 잘 알려진 **에클레시아 레포르마타 셈페르 레포르만다**^{Ecclesia reformata semper reformanda}(교회는 항상 개혁되어야 한다)라는 표어는 후속 종교개혁의 교사들에게서 유래된 것이다.

후속 종교개혁의 지지자들은 16세기 종교개혁의 교리적, 교회적 개혁과 지속적 교회 개혁에 대한 헌신을 지칭하기 위해 위의 표어를 사용했다. 그들은 이미 개혁된 교리를 다시 변경하려고 한 것이 아니고, 오히려 종교개혁에서 정립된 교리에 바탕을 둔 경건의 삶을 발전시켜, 결과적으로 삶의 모든 영역에 영향을 미치고자 하였다.

네덜란드 학자들은 후속 종교개혁에 대한 정기 학술지에서 이 운동을 다음과 같이 정의했다.

> 네덜란드 제2 종교개혁(후속 종교개혁)은 살아 있는 믿음의 변질 내지 결여에 대한 반발로 17세기와 18세기 동안 네덜란드 개혁교회 내부에서 일어난 운동으로, 믿음과 경건의 개인적 체험을 핵심적 중요 요소로 삼았다. 그러한 관점에서 후속 종교개혁 운동은 실질적 절차적 행동 플랜을 마련하여, 이것을 합당한 교회적, 정치적, 사회적 기구에 제출하고, 교회와 사회와 국가의 지속적, 추가적 개혁을 말과 행위 면에서 이루고자 했다.

개인적, 영적, 교회적, 사회적 개혁의 프로그램을 심화시키기 위해, 후속 종교개혁의 저술가들은 개신교 역사에 있어 최고로 꼽히는 가장 심오한 몇몇 문헌들을 저술했다. 더욱이, 17세기의 네덜란드 개혁파 경건은 개혁파 정통주의의 뿌리에서 자라났는데, 그 창시자와 주창자 중에는 몇몇 박식한 정통 신학자들(히스베르투스 푸치우스, 페테르 판 마스트

리히트, 요하네스 호른베이크 등)을 포함하고 있었기 때문에, 후속 종교개혁의 저작들에는 독일의 루터파 경건주의자에게서 볼 수 있는 신학과 경건 사이의 반목의 증거가 전혀 나타나지 않는다. 오히려 후속 종교개혁의 지지자들은 신학과 삶, 교리와 경건의 균형을 제공하는데 이는 교회 역사상 유래가 없는 일이다.

후속 종교개혁은 대개 영어로 된 1차 자료가 부족하다는 이유로 영어권에서 간과되어 왔다. 후속 종교개혁 초기의 저술가인 쟝 타펭과 빌럼 떼일링크의 저작들은 16세기 후반과 17세기 초반에 영어로 번역되었으나, 이 오래된 번역본들은 최근 들어서 그 모습을 찾아볼 수 없다. 더욱이 푸치우스와 호른베이크 같은 유명한 교의학자나 떼오도루스 아 브라켈, 야코부스 꿀만, 요도쿠스 반 로덴슈타인, 빌헬무스 스코팅후이스, 호데프리두스 우더만스 같은 유명한 목회자들의 저작의 많은 부분이 아직까지도 번역되지 않은 채로 남아 있다. 두 권은 예외인데, 알렉산더 꼼리의 《ABC of Faith》는 1978년에 영국에서 처음으로 출간되었고, 빌헬무스 아 브라켈의 《그리스도인의 합당한 예배》*Christian's Reasonable Service*는 영어로 번역되어 1992-1995년에 네 권으로 나뉘어 출간되었다.

우리 협회에서 발간하는 시리즈 서적들은, 네덜란드 독자들이 그들의 애정을 담아 "옛 작가들"이라 부르는 이 저자들의 저작이 더 많이 번역될 필요가 있음을 보여준다. 이것은 또 오늘날 제자훈련과 영성을 강조하는 현상에 대한 중대한 성경적, 역사적 통찰력을 제공한다.

우리 편집자들과 번역자들은, 현대의 독자에게 다양한 저자들의 글과 삶을 소개하며 이 활발했던 운동의 대표적 저작들을 번역하여 제공한다. 네덜란드인들이 수많은 영국 청교도 서적들을 모국어로 번역하여 읽으면서 유익을 얻었던 것처럼, 후속 종교개혁 운동과 관련된 서적들을 통해 많은 이들이 유익을 얻을 수 있도록 우리는 목사들과 신학자들뿐 아니라 평신도 독자들을 염두에 두고 네덜란드 개혁파 서적들을 발간한다.

네덜란드 개혁파 문헌 번역협회를 대표하여,
- 조엘 비키, 제임스 A. 데 용, 리차드 멀러, 유진 오스터헤이븐

빌헬무스 스코팅후이스에 대한 소개

네덜란드 후속 종교개혁 운동 안에서의 위치

이 책은 기독교 신앙에 대한 간략한 입문서라고 할 수 있으며, 저자는 후속 종교개혁의 황혼기를 대표하는 인물이다. 흔히 후속 종교개혁 운동의 선구자라고 인정되는 장 타펭은 16세기 후반에 제자훈련에 관한 저술활동을 통해 네덜란드 개혁파 문헌에 이바지했다. 이 운동의 아버지라고 널리 인정되며 영국 청교도 경건 문헌과 강한 연관성이 있는 빌럼 떼일링크는 17세기 초반에 저술활동을 했다. 위트레이트 대학의 교수로서 학문적 위상과 깊이가 남달랐던 히스베르투스 푸치우스는 17세기 중반에 후속 종교개혁의 주요 주제들을 분명히 설명했다. 그의 많은 학생들은 이러한 주제들을 퍼뜨리고 더욱 살을 붙여 나갔으며, 이 운동을 성숙함 가운데 명확하고 분명하게 구체화해 나갔다. 그들은 네덜란드 공화국 황금기의 문화적 탐닉에 맞서 싸웠고, 그것과 분명하게 대조되는 것을 가르쳤으며, 17세기 후반에 그들의 족적을 남겼다. 빌헬무스 스코팅후이스는 네덜란드 후속 종교개혁의 황혼기를 대표하는데, 그 시기에 흔히 겪을 수 있었던 많은 고난을 겪었다. 그가 사망한 1750년 즈음에는, 그 운동이 네덜란드 국민의 생활에 끼치는 영향력은 사실상 거의 사라졌다.

종교적 운동을 포함해서, 모든 종류의 운동에는 흥망성쇠가 있다. 그러한 운동들은 동시대의 살아있는 이슈들에 의해 촉발되며, 그러한 이슈에 대한 답을 제시한다. 타펭은 프랑스어권의 개혁파 목회자로서 지금의 벨기에에서 사역했는데, 그곳은 스페인 군대가 점거함으로써 다시 로마 카톨릭교로 넘어간 곳이었다. 박해받는 난민으로서, 타펭은 예수님의 제자가 되기 위한 박해의 비용을 계산했고, 심각한 위협 아래서 믿음을 지키는 복에 대해서 수려한 필치로 기록하였다. 또한 타펭은 네덜란드의 해방자인 침

빌헬무스 스코팅후이스의 초상화 1700-1750

묵공 빌렘 1세의 궁정 목사로서 활동하면서 태동하는 개혁교회를 빚어나가는 데 중요한 역할을 수행하였다. 마찬가지로 빌럼 떼일링크도 제임스 1세와 찰스 1세의 재위 기간 동안 강력한 국가 권력이 네덜란드 개혁교회와 영국 성공회에게 협조적, 관용적, 포괄적 종교 기관이 될 것을 강제하던 시기에 순수하고 참된 교회를 이루기 위해 분투하였다. 그리고 네덜란드의 선구적인 대학 안에서 중요한 인물이었던 푸치우스는 그의 상당한 지적 기량을 광범위한 신학적, 목회적, 교회 조직적 이슈들에 쏟았다. 그가 관심을 보인 어젠다는 떼일링크의 어젠다보다 훨씬 광범위하였다. 푸치우스는 복음적 따뜻함과 온화함을 가지고 이런 작업을 수행했으며 상대방과의 관계를 해치기보다는 돈독하게 하였다.

후속 종교개혁에 대해 오랜 기간 다방면에서 연구해 온 프레드 A. 반 라이버그는 이 운동이 성숙되어 감에 따라 문화적 단절성, 도덕성, 자기 성찰적 성격, 엄격성이 더욱

커졌다고 주장한다.[1] 그는 종교적 형식주의, 교리적 무관심, 기도와 교회 출석에 대한 무시, 교리적 무지에 대해 비판했을 뿐 아니라 당시의 교회가 도덕적으로 방종한 삶을 사는 명목상의 신자들에 대한 권징을 태만시하는 것을 한탄했다. 이 운동의 지도자들은 극장에 가는 것, 춤추는 것, 사치를 추구하는 것, 부와 성공을 과시하는 것을 정죄하였다. 동시에 이 운동의 지지자들은 평범하고 검정색 위주의 엄격한 양식의 옷을 고수함으로써 문화적 주류로부터 자신들을 구분하였다. 그들은 바른 행실에 대한 그들의 집념으로 인해 "율법주의자", "형식주의자", "청교도", "편견쟁이", "광신도", "바리새인" 등으로 불렸다. 심지어 그들은 이웃들과 구별되기 위해 가공된 말투를 쓰기도 했다. 또한 설교의 스타일도 아주 정형화되었는데, 그들은

---

1. 이 주제에 관한 그의 최고의 글 중 하나로서 영어로 가장 쉽게 접할 수 있는 에세이는 다음과 같다. "From Pure Church to Pious Culture: The Further Reformation in the Seventeenth-Century Dutch Republic", *Later Calvinism: International Perspectives*, ed. W. Fred Graham, vol. 23, *Sixteenth Century Essays and Studies* (Kirksville, MO: Northeast Missouri State Universiry, 1994), 409-430.

교회에 출석하는 사람을 아주 다양한 범주로 나누었다(회심하지 않은 자, 부주의한 자, 머리로만 아는 그리스도인, 실천하는 그리스도인, 믿음이 적은 자, 불안해하는 자, 스스로 속고 있는 자, 은혜가 충만한 그리스도인 등). 또한 회중의 상태를 예리하게 분석한 후 각 범주에 속한 사람들에게 메시지를 전했다.[2] 한 사람의 영적 상태를 나타내는 종교적 체험을 깊이 파고들어 고찰하는 것은 이 운동의 일관된 특징이었다.[3]

스코팅후이스의 시대에는 수천 권의 후속 종교개혁의 저작들이 출간되었고, 그중 3분의 1은 청교도의 작품을 번

---

2. T. Brienen, *De Prediking van de Nadere Reformatie*, 2nd ed. (Amsterdam: Uitgeverij Ton Bolland, 1981), 이 연구는 후속 종교개혁의 설교에 대한 철저한 분석을 담고 있다. 교회 참석자들을 나누는 범주는 이 운동의 대표자들에 의해 발전되고 다양해졌다. 비슷한 분류를 존 번연의 《천로역정》에서도 확인할 수 있다. 당시에 《천로역정》은 네덜란드어로 번역되었고 후속 종교개혁 운동의 참여자들 안에서 널리 읽혔다.

3. David J. Engelsma, "The Gift of Assurance: The Spirit of Christ and Assurance of Salvation," *Protestant Reformed Theological Journal*, 42, 2 (April 2009): 3 – 46. 이 논문은 주류 청교도와 후속 종교개혁자의 문헌에 나타난 주관적인 경험과 관련된 구원의 확신 교리가 개혁 신학에 있어서 진보보다는 퇴행을 가져왔다고 주해적으로 논증한다. 구원의 확신 문제에 관한 칼빈의 견해와 이 운동의 견해 간의 연속성을 보는 논문으로는 다음을 참고하라. Joel Beeke, *Assurance of Faith: Calvin, English Puritanism, and the Dutch Second Reformation* (New York: Peter Lang, 1991)

역한 것이었다. 그중 가장 유명한 저작들은 여러 번 인쇄 되었다. 그 저작들 중 첫 번째 유형은 사적 생활과 공적 생활에서의 영적 결핍을 지적하고 이를 교정하기 위한 지시 사항들로 구성된 저작이었다. 대부분 저작들이 여기에 속했다. 두 번째 유형은 개인과 가족의 영적 성장을 위한 묵상과 요리문답과 실천적 지침을 위한 저작들이다. 그리고 세 번째 유형으로는 기독교 교리와 실천에 대한 보다 포괄적인 저작들과 더불어, 후속 종교개혁 문헌을 보충하는 특정한 종교적 주제에 대한 논문을 들 수 있다.[4] 이번에 처음으로 영어로 번역된 스코팅후이스의 요리문답은 두 번째 유형을 대표하는 저작이다. 1700년에 처음으로 나온 빌헬무스 아 브라켈의 《그리스도인의 합당한 예배》*Christian's Reasonable Service*는 세 번째 부류를 대표하는 저작이다. 이는 의심할 여지없이 후속 종교개혁의 영성과 신학을 가장 포괄적이고 견고하게 보여주고 있다.[5] 이 책은 20세기

---

4. Van Lieburg, 424 – 25.

5. Wilhelmus à Brakel, *The Christian's Reasonable Service*, trans. Bartel Elshout, ed. Joel R. Beeke, 4 vols. (Grand Rapids: Reformation

까지 이 운동의 네덜란드어권의 후손들에게 널리 유포되고 읽혔다. 브라켈은 "옛 작가들" 중에서 가장 인기 있고 균형 잡힌 사람 중 하나였다. 스코팅후이스는 비록 최상급에 속한 것은 아닐지라도 후속 종교개혁의 명망 있는 사람들 가운데서 높은 자리를 차지하고 있다.

그의 인생

빌헬무스 스코팅후이스는 1700년 2월 23일에 네덜란드 호로닝언Groningen 지방에 위치한 빈스호턴Winschoten 마을에서 태어났다. 그의 부모님은 시민 계급에 속한 독실한 개혁파 그리스도인이었다. 그의 아버지 위르헌 빌럼스 스코팅후이스는 빵을 파는 제빵사였으며, 그의 어머니는 빌헬무스가 불과 네 살 때 죽었다. 빌헬무스는 일찍이 배움에 흥미를 보였고, 열한 살이 되자 그의 아버지는 그를 지역 라틴어 학교로 보냈다. 아버지마저 1년 후에 죽자, 그는 금전적 이유로 그곳에서 더 이상 학업을 지속할 수 없었

Heritage Books, 1997 - 99).

고 은세공 장인의 도제가 된다. 그는 5년간 그 업종에 머물렀으나 대단한 결심과 희생을 통해 학업을 다시 시작했다. 이후 열아홉 살이 되었을 때 스코팅후이스는 흐로닝언 대학의 신학과에 등록하게 된다.

흐로닝언 대학에서 스코팅후이스는 오토 벌브루헤Otto Verbrugge와 안토니우스 드리센Anthonius Driessen의 지도를 받으며 수학하게 되는데 둘 다 특별히 주목할 만한 인물은 아니었으며 최근에(1717년) 교수로 임명된 사람들이었다. 부드러운 태도를 지닌 벌브루헤는 푸치우스의 지지자였으며 성경 원어를 가르쳤고 신학적 갈등을 꺼려했다. 드리센은 신학과 교수였으며 학교의 교목이었다. 그는 코케이우스의 지지자였지만 그 시대에 두 신학적 진영 사이의 적대감은 대부분 사라진 상태였다.

드리센은 신비주의 영성에 큰 흥미를 가지고 있었고, 자신의 학생들이 당시 그리스도인들이 논의하던 다양한 주제들에 친숙해지도록 하였다. 그는 이후에 경건주의 계열로 돌아서게 된다. 스코팅후이스와 드리센 사이의 진심 어린 영적 유대가 몇 년간 지속되던 중, 드리센은 1740년

대부터 성령의 직접적 사역과 특수한 계시의 가능성을 옹호하였다. 또 다른 후속 종교개혁의 대표자인 알렉산더 꼼리(1706-1774) 역시 드리센의 학생이었는데 그는 자신의 교수가 경건주의로 돌아서게 된 것에 대해 저술하였다. 두 학생은 드리센의 영향력에서 점점 멀어졌다.

대학에 입학한 지 4년이 되었을 때, 스코팅후이스는 목회자 후보생 시험을 통과하고, 뷔너Weener라는 곳의 말씀 사역자 청빙을 받아들이게 된다. 엠스강을 끼고 있는 뷔너는 독일의 니더작센Lower Saxony에 속한 도시로서, 네덜란드 국경에 가까운 서쪽에 위치했으며 엠덴항으로부터 불과 20마일 밖에 떨어져 있지 않았다. 그 도시는 동프리슬란트East Friesland라고 알려졌는데, 현대에는 네덜란드와 독일의 북쪽 해안 국경의 일부이며, 이 지역의 첫 거주자는 프리지안이라고 불린 게르만족이다. 종교개혁의 초기부터 스코팅후이스의 당대까지 동프리슬란트는 개혁파 기독교의 중심지였다. 뷔너의 목사직을 맡기 전에 스코팅후이스는 개혁파 목사의 딸인 알레타 부즈Aletta busz와 결혼했다.

스코팅후이스가 섬겼던 두 교회가 위치한 동프리슬란트 지역의 지도.
뷔너는 오늘날 독일 영토에 속해 있으며 네덜란드의 촌락인
미드불다와는 바로 국경을 맞대고 있다.

스코팅후이스는 그 지역의 교회사를 저술하여 명성을
얻은 에두아르트 마이너스^{Eduard Meiners} 목사의 후임이었다(그

는《Oostvrieschlants Kerkelyke Geschiedenisse》라는 책을 저술했는데 이는 두 권 분량이며 흐로닝언에서 1738년과 1739년에 출간되었다). 그가 이어 받게 된 직책은 부목사였다. 담임 목사는 나이가 더 많고 헌신된 목사이자 경건하고 신실한 삶으로 유명했던 헨리 쿠스 클러키스트Henricus Klugkist였다. 스코팅후이스는 그로부터 커다란 격려를 받았고 얼마 지나지 않아 자기 자신이 충분히 혹은 진정한 의미로 거듭나지 않았다고 확신하게 되었다. 그는 설교 중에 자신이 느끼는 무가치함에 대해 교구민들에게 공개적으로 나누었다. 극심한 갈등의 시간을 거친 후에 클러키스트의 좋은 충고로 인해 그는 그리스도 안에서 평화와 확신을 갖게 되었다.

클러키스트를 본받아서, 스코팅후이스는 회개의 복음과 회심, 엄격하며 경건한 삶을 더욱 강조하며 설교하기 시작했다. 그리고 다양한 부류의 그리스도인들에게 맞게 설교의 호소하는 부분을 조정하기도 했다. 이러한 변화는 후속 종교개혁의 지도자들이 분별과 전달을 위해 강조한 사항을 따른 것이다. 처음에 사회의 상류층이 반대했음에도 불구하고, 뷔너에서의 사역은 괄목할 만한 영적 부흥을 낳게 되었고 이것은 후속 종교개혁 운동 안에서 그의 위치를 확고히 하였다. 그의 영향력은 동프리슬란트 전역의 루터파와 개혁파 모두에게 미치게 되었다.

1720년대 스코팅후이스의 뷔너 사역의 열매는 18세기의 문화를 거스르는 부흥과 대각성의 맥락에서 볼 수 있다. 그의 사역의 결과는 조나단 에드워즈의 사역 아래에서 일어난 유명한 메사추세츠 노샘프턴 부흥보다 10년을 앞섰다. 이것은 존 웨슬리와 조지 휫필드의 설교와 함께 발생한 대각성 및 갱신 운동보다 먼저 일어났다. 이런 잘 알려진 운동들의 선구자 중에 하나가 스코팅후이스이다. 이러한 선구자들이 17세기 후반과 18세기 초반에 유럽과 식민지 아메리카에서 활동하였다. 1720년대에는 스코틀랜드와 웨일스, 뉴잉글랜드에서의 부흥이 보고되었고, 에드워즈의 외조부인 솔로몬 스토다드는 그의 긴 노샘프턴 사역 가운데 일련의 부흥들이 있었다고 증언하였다. 미국으로 이주하기 전에 엠덴 노회에서 목사로 임명받은 네덜란드 개혁파 목사인 테오도루스 프렐링하이즌Theodorus Frelinghuysen(1691-1747)은 뉴저지에 소재한 그의 교회를 부흥으로 이끌었다. 흥미롭게도 동일한 해에 스코팅후이스의 뷔너의 회중들 가운데도 부흥이 일어났다.

1734년에 스코팅후이스는 네덜란드 흐로닝언 지역의 미드불다^{Midwolda}에 위치한 개혁 교회의 청빙에 응했다. 미드불다는 뷔너의 서쪽으로부터 직선거리로 15마일 정도 떨어진 곳에 위치하였으며, 다른 나라에 속해 있음에도 같은 지리적, 영적 환경을 지닌 곳이었다. 스코팅후이스는 그가 사망하던 1750년까지 그곳에서 섬겼다.

스코팅후이스의 미드불다 사역은 부정적이며, 과도하게 판단하며, 영적으로 기쁨이 없는 신비주의적 체험주의로 점차 퇴보하는 것이 주된 특징이었다. 그는 자신의 1500명의 교구민 대다수가 구원하는 은혜의 유익 없이 살아가고 있다고 확신했다. 그래서 그는 설교 가운데 끊임없이 그들의 서글픈 곤경을 상기시켰다. 그들은 심령의 변화를 가져오는 영적 거듭남을 경험했다고 쉽사리 간증할 수 없었고, 그러므로 그는 그들이 신뢰할 만한 신앙고백을 할 수 없는 상태라고 판단했다. 그는 거기서 16년간 사역하면서 오직 23명의 고백만을 온전한 성찬을 위해 받아주었다. 그들 가운데 2명은 이웃 회중으로부터 온 사람들이고, 또 2명은 자신의 딸들이었다. 그의 생애를 연구한 어떤 사람에 의하면 그의 사역이 끝났을 때, 그가 매년 정기적으로 수십 명의 아기들에게 세례를 베풀었음에도 불구하고 미드불다 회중 가운데 성찬이 허락된 성도는 100명 미만이었다고 한다.

스코팅후이스는 국가 교회에서 탈퇴하는 것에 저항하는 가운데, 자신의 영적 생명의 유지와 개인적 교류를 위해 거의 대부분 동일한 정신을 공유하는 구별된 소수의 모임에 의존했다. 이런 "교회 안의 교회"는 그의 시대의 경건주의자들 사이에 흔한 것이었다.

열한 명의 아이들이 알레타와 빌헬무스 스코팅후이스 사이에서 태어났으나, 그중 다섯 명은 유아기 혹은 아동기에 죽었다. 살아남은 다섯 명의 아들은 목회로 부르심을 받았다. 둘째 아들은 신학 공부를 마치기 전에 죽었고, 나머지 아들들은 모두 젤란드 지역의 목회자가 되었다. 스코팅후이스 자신은 50세의 일기로 1750년에 세상을

떠났다.[6]

그의 저작

스코팅후이스는 여러 편의 시를 썼고, 상당수의 체험적
찬송시를 당시의 인기 있는 민속 음악의 곡조 위에 얹었
다. 그는 그보다 앞선 시대를 살았으며, 후속 종교개혁의
더 긍정적인 대표자인 요도쿠스 반 로덴슈타인[Jodocus van
Lodenstein]을 모방했다. 초기 네덜란드 개혁파 작시자인 이 둘
의 기여를 잉글랜드의 아이작 왓츠와 찰스 웨슬리 그리고
독일의 루트비히 폰 진젠도르프의 작품과 맞대어 보면 시
대도 겹치고 체험적 강조점에 있어서도 상응한다.

---

6. 여기에 적은 간략한 전기를 위한 자료는 다음의 책을 참고했다. S. van der
Linde, "Wilhelmus Schortinghuis," *Christelijke Encyclopedie*, ed. F.
W. Grosheide and G. P. van Itterzon (Kampen: J. H. Kok, N.V., 1961),
4:100 – 101; K. Exalto, "Wilhelmus Schortinghuis (1700–1750),"
in *De Nadere Reformatie: Beschrijving van haar voornaamste
vertegenwoordigers*, ed. T. Brienen, et al. (The Hague: Uitgeverij
Boekencentrum, B.V., 1986), 247 – 75; and G. D. van Veen, "Wilhelmus
Schortinghuis," *Realencyklopädie für protestantische Theologie und
Kirche*, ed. D. Albert Hauck, 3rd improved and expanded edition
(Leipzig: J. C. Hinrichs'sche Buchhandlung, 1907), 7:747 – 50.

《*Het Innige Chritendom*》의 표지.
스코팅후이스의 명성을 확립한 논란적인 후속 종교개혁 저작이다.

그의 가장 유명하고, 방대하며, 가장 논란이 많은 작품
은 《*Het Innige Chritendom*》이다. 이 작품은 "열렬한 기독
교Fervent Christianity"라고 번역될 수 있는데, "열렬한"은 의심
할 여지없이 이 작품의 어조를 가장 잘 포착한 말이다. 하
지만 이것은 그의 교구민의 믿음을 살아 있고 활동하는
생명으로 끌어들이기보다는 오히려 밀어내는 시무룩하며
매력 없는 열정이었다. 후속 종교개혁에 관해 빈틈없으며

균형 잡힌 연구자인 S. 반 데르 린데[van der Linde] 교수는 스코
팅후이스의 작품의 어조의 특징을 "아주 부정적이며, 실
의에 빠져 있고", "초기의 후속 종교개혁과 상이하다"고
평한다.[7] 이 책의 원고가 흐로닝언 대학의 신학과 교수진
들에게 추천을 받기 위해 제출되었지만 너무나 호소력이
없고 논란이 많아서 관습대로 추천사를 받는 일이 실패로
돌아갔다. 그가 개정을 하고 난 후에야 교수들은 공개적
인 추천을 해주었으며 그의 지역 교구 임원들의 추천사도
받을 수 있었다. 네덜란드 개혁 교회의 다른 노회들 혹은
교구들은 자신의 관할 내에서 이 작품을 유통하는 것과 읽
는 것을 경고하고 금지했는데, 그들 생각에 이 작품은 너
무 신비주의적이고 주관적이며, 신앙 고백적으로나 주해
적으로 왜곡되어 국가 교회로부터 분리할 것을 권장하고
있었기 때문이다. 깊이 있는 연구자이자 후속 종교개혁의
지지자인 엑살토[K. Exalto]는 《Het Innige Chritendom》에 대한
다양한 반응을 주의 깊게 살펴봤는데, 이 책은 스코팅후

---

7. Van der Linde, 100.

이스 인생의 마지막 10년 동안 계속해서 논란적인 책으로 남아 있었다고 한다.[8]

유감스럽게도 위 책과 후속 종교개혁 운동의 다른 후기 출판물의 불평적이며, 부정적이며, 판단적인 접근법은 저자들이 바라던 긍정적인 효과가 나타나지 못하게 방해했다.

스코팅후이스는 또한 《*Degeborene Christen*》이라는 체험적인 책을 저술했는데, 이것은 훨씬 좋은 평가를 받았다. 그리고 여러분 손에 놓인 이 책은 이전의 방대하고 논란이 많은 책들과 같은 반응을 낳지 않았다.

번역

《문답식 교리공부》는 1738년에 개혁 신앙의 본질을 남에게 설명해주고자 하는 사람을 위한 교재로 출간되었다. 반 빈[Van Veen]은 이 작품이 간단명료하기 때문에 위 목적에 아주 적합하다고 판단했는데, 이는 정확한 평가라고

---

8. Exalto, 251-56.

할 수 있다. 본서는 1765년부터 총 네 번 인쇄되었고, 이는 이 책이 널리 받아들여졌으며 호의적인 평판을 받았다는 사실을 증명한다. 본 작품은 고전적인 정통 개혁파의 주요 사항을 모두 다루고 있다. 이 책은 당시의 지배적인 순서와 어조로 서술하고 있으며, 교리를 진술할 때도 다른 사람들에 의해 제시된 균형을 따르고 있다. 40개의 간략한 장들은 특정 주제가 독자의 믿음과 영적 성찰에 어떤 의미가 있는지를 묻는 한두 개의 질문으로 마무리된다. 그러한 방식은 아주 특이한 것이 아니며 스코팅후이스가 최초로 고안한 것도 아니다. 이런 방식은 이와 유사한 당대의 작품에서 널리 쓰이던 방식이었고 후속 종교개혁자의 설교에서도 흔한 것이었다. 심지어 25장 "구원 얻는 믿음의 수준에 관하여"와 같이 종교적 체험을 자세히 다루는 부분에서도 2년 후에 출간된 논쟁적인 책에 나오는 접근법은 전혀 보이지 않는다.

그러나 교회에 관한 부분인 최종장의 문답이 회중 가운데 참된 신자로서 회심한 자와 거짓된 신자로서 회심하지 않은 자를 분별할 책임을 장로에게 특별히 목사에게 날카롭게 부여하고 있다는 사실은 지적할 만하다. 그런 강조점은 스코팅후이스가 빠지게 된 오류의 기틀을 마련한다. 동시대의 많은 사람들과 후속 종교개혁 운동의 현대의 지지자들도 그런 강조점에 대해 우려를 표한다.

18세기 네덜란드어의 고풍스런 문체로 저술된 이 책은 묘사적으로 완전하다기보다는 종종 서술적이며 관념적이다. 이 책을 번역하는 일은 이 책이 저술된 당시의 단어와 신학에 대한 깊은 생각이 요청되는 작업이었고, 이 일을 위해서는 신중한 번역자와 편집자가 필요했다. 현대 독자들은 문자적이며 경직된 번역의 의미를 순조롭게 이해하지 못할 수도 있다. 그러나 출간을 준비하는 가운데, 적어도 스코팅후이스가 진짜 말하고 싶었던 바가 사라지거나 오도되지 않도록 세심한 주의를 기울였다. 서술 스타일에 있어서는 거의 핵심 요약문에 가까울 정도로 명쾌하게 요점을 나열하는 그의 방식을 그대로 유지하였다. 그의 풍성한 성경 인용을 분명하게 하기 위해서 주의를 기울였고, 그가 그것으로부터 끌어오는 분명한 요점을 살리기 위해서 우리는 그가 성경 인용을 문장 안에 놓은 위치에 주의하였다.

그런 연유로, 중요한 한 가지 사항만 더 언급하겠다. 어떤 경우에는 스코팅후이스가 사용한 네덜란드 역본의 성경 절에 관한 숫자 체계와 오늘날의 영어 번역본의 성경 절에 관한 숫자 체계가 상응하지 않을 수 있다. 이런 불일치는 보통 한두 절의 차이를 일으키는데, 우리는 역사적 정확성을 위해 스코팅후이스가 남긴 성경 인용을 그대로 남겨 두기로 했다. 영어 번역본으로 인용된 성구를 찾는 독자는 낙담하지 않으려면 앞서거나 뒤따라오는 한두 절을 확인해봐야 할 것이다(한국어판 독자들에게도 마찬가지로 해당함—편집주). 스코팅후이스(혹은 그의 인쇄업자)가 성구를 잘못 인용한 경우도 많았다. 그러한 경우 우리는 오류를 언급해 두었다. 이런 오류를 찾는 데 있어, 나는 우리의 출판 편집자인 마르샤 피셔의 섬세한 작업에 빚을 졌다.

이것은 신학적 신기원을 여는 작품이 아니며, 영성사the history of spirituality에 있었던 한 운동을 다시 점화시킬 작품도 아니다. 다만 이것은 후속 종교개혁에 관해 관심을 가지고 있는 독자에게 자료를 전달하기 위한 노력의 일환으로 번역되고 있는 일련의 과정 중 하나이며, 후속 종교개혁 문헌을 더 깊이 이해하는 것을 돕는 하나의 책이다.

제임스 A. 데 용

추천사

이 도시의 대학에서 신학과의 교수직을 맡고 있는 서명자들은 학식이 깊고 하나님을 경외하는 빌헬무스 스코팅후이스 목사의 책을 읽었습니다. 우리는 이 책이 하나님의 말씀에 따른 개혁 교회의 교리적 표준문서와 완전히 일치하며, 질서정연하며, 간단명료하다는 것과, 우리의 의무인 거룩함과 바른 경건으로 이끄는 진리를 분별력 있게 제시하고 있다는 사실을 확인했습니다. 목사의 직분을 맡은 사람은 자신이 먼저 예수님께 가르침을 받고 그분의 인도를 경험하는 가운데 자기에게 맡겨진 양 떼를 가르치고 이끌어야 합니다. 저자는 그러한 목사이며 이 저술을 통해 그가 지니고 있는 신실한 목자와 목사의 참된 표지는 더욱 빛을 발할 것입니다. 그러므로 우리는 말씀을 갈망하는 많은 사람들이 이 책에서 그것을 찾길 진심으로 소망하며, 이 책으로 말미암아 성장하게 될 사람과 마지막 날 저자의 자랑의 면류관과 기쁨이 될 사람에게, 이 책이 건전하며 순전한 젖이라고 추천하는 바입니다. 1738년 1월 20일 흐로닝언에서.

A. 드리센, 신학 박사, 목사, 교목
코넬리우스 아 벨젠, 성경학 박사이자 신학 박사, 교수
다니엘 헤르데스, 신학 박사, 교수, 교목

미드불다의 회중에게

귀하고도 지극히 사랑받는 회중 여러분, 하나님 아버지와 주 예수 그리스도와 성령으로부터 은혜와 평강이 있기를 바랍니다.

　하나님의 지혜와 찬양받기 합당한 섭리와 측량할 수 없는 선하심 안에서, 그분은 저같이 무가치한 사람을 여러분들 가운데서 목사의 직무를 수행하도록 정하셨습니다. 오랫동안 그분은 제 심령을 감동시키사 여러분의 영원한 견인을 열망하게 하셨습니다. 그러므로 저는 여러분에게, 말이나 글로, 그것이 무엇이 되었든 간에 하나님의 손 안에 있는 수단을 통해 여러분이 지식, 분별, 마음의 변화,

참된 성화 안에서의 성장에 전념하기를 간절히 원했습니다. 그렇기에 저는 이 필수적이고도 유용한 진리들을 여러분을 섬기고 유익을 끼치기 위해 저술했으며, 출판을 위해 제출했습니다.

제 자신과 제 제자들을 포함하여 이미 오랫동안 많은 사람의 축복과 유익을 위해 사용되고 있는 책이 많습니다. 저는 그런 다른 오래된 책과 새로 나온 귀한 교육용 책에 해를 끼치려고 이 책을 출간하는 것이 아닙니다. 오히려 저는 추수하는 주인이신 분이 제게 맡기신 양 떼를 위하여 이 책을 저술했습니다. 그리고 저는 저의 노력을 통해 만들어졌으며 저의 양식대로 쓰여진 이 책을 회중의 지침으로 삼기로 했습니다. 그 이유는 비록 제한적이기는 하지만, 제가 회중의 공통적, 개별적 영혼의 상태를 가장 잘 알기 때문입니다.

저는 여러분 각자의 무지함, 만족함, 권면을 수용하지 못함 혹은 수용함, 부지런함과 받아들임의 수준, 확신의 깊이, 회심의 참됨, 믿음의 여정 가운데 순례함을 알고 있습니다. 저는 연민함과 온화함과 진지함과 신실함으로 여러분 가운데 시온의 왕의 권능을 더욱 드러내길 원합니다.

그러므로 저는 다음의 목표를 가지고 이 작은 책을 저술했습니다.

1. 신학의(이것은 모든 학문과 지식의 영혼이자 핵심입니다) 가장 필수적인 진리를 간략하게 가르치는 것입니다. 필수적이며 진정한 경건의 실천을 도모하기 위하여 진리를 다룬 모든 장의 끝부분에 간략한 적용을 덧붙였습니다.

2. 정리하는 것입니다. 이 책이 특정 방식으로 배열된 것은, 가르치는 사람에게는 많은 주제들을 넓게 확장하게 하기 위함이고, 배우는 사람에게는 모든 필수적인 부분들의 간략한 개요를 보고 이해하게 하기 위함입니다.

3. 논의되는 모든 주제를 확정하기 위해 성경 구절을 인용하는 것입니다. 그러나 책이 너무 길어지거나 비싸지지 않도록 인용된 구절의 전문이 삽입되진 않았습니다. 이러한 이유로 인해, 더욱 깊은 묵상의 실천을 통해 성경의 참뜻이 담고 있는 강력한 증거를 찾기 위해서 배우는 사람은 하나님 말씀 자체의 샘으로부터 마셔야 합니다.

겸손히 모든 것이 하나님 덕분임을 인정하는 가운데, 제게는 하나님과 회중 앞에서 기뻐해야 할 이유가 있습니다. 지금까지 하나님의 사역은 복을 받아 왔고 다양한 연령대에서 배우고자 하는 사람이 많이 늘었습니다. 특히 어떤 사람은 영적으로 구원받은 자와 마음이 변화된 자의 참된 표지를 소유하고 있고, 많은 사람들이 지속적인 열망과 부지런함을 가지고 있습니다. 저의 메마른 노력에 대한 이런 축복은 저같이 무자격한 자에게 넘치는 은혜이며, 감히 생각하거나 소망할 수도 없는 것입니다. 그러므로 귀하고 지극히 사랑받는 회중 여러분, 우리가 일한 것을 잃어버리지 않고 온전한 상을 받기 위하여 내적이며 진심 어린 기도를 게을리하지 마십시오. 이것을 위하여, 오직 사랑 안에서 여러분의 영원하며 불멸하는 영혼의 소용과 유익을 위해 저술한 저의 메마른 선물을 받으십시오. 오, 확신과 마음의 변화와 성화의 은혜를 경험하기 위해 눈과 마음을 우리의 모든 것을 충족시키시는 하나님께 고정하고 이 책을 주의하고 분별하여 활용하십시오. 지정된 은혜의 수단을 항상 사용하십시오. 그렇게 한다면 홀로 거룩하신 구주이자 시온의 왕이신 분을 기쁘시게 할 것이며, 성령의 내적 사역을 통해 유익을 얻을 수 있을 것입니다.

이것이 그리스도의 사역 안에서 여러분의 목회자이자 종이며, 여러분 모두의 구원을 추구하는 저의 진심 어린 기도이자 소망입니다.

W. 스코팅후이스

1737년 11월 26일, 미드불다에서.

《문답식 교리공부》에 관한 소개 및 격려

[네덜란드어 시를 산문으로 옮김]

회중들이여, 여기서 진리의 핵심 사안을 해설하는 것과 여러분의 영혼의 유익을 위해 권고하는 바를 깨달으라. 이 진리는 성령의 권능을 통해 우리를 죄의 악함으로부터 자유롭게 하실 수 있는 예수님의 고난과 죽음으로 인침을 받은 것이라.

오, 여러분의 마음은 보기를, 조심스레 사용하기를, 여러분의 영원한 구원과 관련된 것으로부터 유익을 누리기를 열망하리라. 이것은 적은 분량이지만 여러분이 영원히 만족할 수 있는 진리가 담겨 있는 보물이로다.

신들의 모임 가운데에서 높으신 하나님과, 예배가 어떻

게 성경에 의해 영향을 받는지 알기 위해서 여기에 와서 배우라. 그분의 존재를 높이며, 그분의 이름에 영광을 돌리며, 그분의 영광을 인정하는 가운데 성부, 성자, 성령 삼위 하나님께 바르게 기도하기 위해서 여기에 와서 배우라.

그분은 지혜롭고도 거룩하게 창조와 섭리의 영원한 작정을 이루시는도다. 그분은 자신의 섬김을 드러내시고 그분의 율법을 이성적인 피조물에게 부여하사 그들로 하여금 참된 미덕으로 이끄는 것이 무엇인지 알게 하시는도다.

첫 사람을 보라. 그는 하나님과 언약 안에서 영광스럽구나. 그러나 통탄하게도 죄와 죄책과 마귀의 종된 신분 가운데로 떨어져 버렸도다. 그가 어떻게 사망으로 급히 떨어지며, 수많은 악의 심연에 빠졌는지 보라.

동정심이 풍성하시며, 하나님의 의를 성취하시며, 평화의 언약 안에서 긍휼을 보이시는 우리의 중보자이신 하나님의 아들을 주목하라. 그분의 감미롭게 울려 퍼지는 이름과 그분의 속성과 그분의 직분과 그분이 위험에 빠진 우리 영혼을 위해 어떻게 속량을 이루셨는지 주목하라.

그분의 낮아지신 상태와 높아지신 상태 안에서 하나님의 감미로운 송이꿀과 영혼을 치유하는 약을 확보하신 하나님의 아들을 바라보라. 그분은 자신의 자녀를 부르시며, 새 생명과 믿음과 구원과 의로움과 거룩함을 주시는도다.

그리고 하나님이 세례와 성찬을 사용하여 마음과 입에 인을 치실 때, 거룩한 삶과 기도와 깨어 있음을 통해, 그분의 백성은 하나님에 의해 온전한 확신을 가지게 되도다. 그분은 자기의 사랑을 보이시며 거룩한 언약에 참여한 자들에게 힘을 주시는도다.

반드시 사망하게 되며 마지막 날 다시 일어나서 자기 심판을 받게 될 인류를 보라. 경건하지 않은 자들은 영원한 비통함에 처하리라. 그러나 구원을 위해 택함을 받은 하나님의 백성은 기쁨을 누리게 되리라.

오, 예수님을 따르는 자가 누리게 될 거룩한 결과는 얼마나 놀라운가! 그들은 이 땅에서 모인 바 되었고 하늘에 속한 말씀과 영에 의해 인도되었도다. 그들은 영원무궁하도록 이 구원을 맛보리라. 그들의 분투가 끝나면 그들은 영원하며 복되며 지극히 기쁜 잔치에 참여하게 되리라.

오, 와서 보라. 진리를 음미하라. 이 진리는 그 광채와 명료함에 있어서 아주 복되도다. 이것은 성령의 도움을 입은 자만이 볼 수 있도다. 귀한 진리의 보화 속에서 생명을 발견할 수 있게 하는 이 빛을 위해 간구하라. 이것은 하나님의 백성이 기초를 삼는 반석이라.

오 왕이시여, 당신의 날카로운 화살로 그들의 마음을 과녁 삼으시고 꿰뚫으소서. 그리하면 시온의 진노와 분노를 격동시키던 자들이 항복하게 되겠나이다. 부디 소경에게 빛을 비추시고, 위험한 땅에 발을 디디고 있는 자들이 그들의 착각 속에 함정에 빠지고 멸망하게 하소서.

부디 그들의 허물을 자랑하고 다니는 자들을 깨워주소서. 그들에게 위험한 심연을 보여줌으로써 그들을 깨우소서. 그들의 마음을 속이는 악을 드러내소서. 그들로 하여금 그들의 유일하신 보증께로 도망하게 하소서.

여전히 자기 죄에 단단히 매여 있는 자들을 향해 영원하신 팔을 드사 당신의 보좌 앞으로 이끄소서. 그들의 죄책으로 애통해하며 용서를 얻기 위해 눈물로 간구하는 자들에게, 당신이 친히 방패와 상급이 되어주소서.

갈대처럼 쉽게 요동하는 당신의 가난하고 무거운 짐 진 백성을 깊은 동정심으로 굽어 살펴주소서. 당신의 형상을 입은 자들이 거룩한 아름다움 가운데 당신의 영광을 위해 당신의 산에서 항상 살게 허락하소서.

부디 당신의 종들의 사역에 관을 씌우소서. 그들은 항상 당신의 뜻과 율법, 그리고 당신의 명령에 순종하길 열망하나이다. 당신의 동산인 교회에 하늘의 이슬과 단비를 내리소서. 메마른 멤버들에게 당신의 성령으로 세례를 베푸소서.

W. 스코팅후이스

1장
하나님에 관한 자연적인 지식에 관하여

제1문   **신학 또는 하나님에 대한 지식이란 무엇입니까?**

답   하나님에게서 나오고, 하나님 앞에 있고, 하나님
        께로 돌아가는, 하나님에 관한 설명입니다. 경건
        함에 속한 진리의 지식이라고 부를 수도 있습니
        다(벧전 4:11; 롬 3:2, 11:36; 딛 1:1).

제2문   **하나님에 관한 지식은 무엇에 관한 지식입니까?**

답   하나님의 존재와 속성, 하나님의 자연 안의 일반
        사역, 하나님의 그리스도의 은혜 안의 특별 사역
        에 관한 지식입니다. 이 지식은 다른 모든 지식보

다 탁월합니다(잠 4:7).

제3문 하나님에 관한 지식을 갖고 있는 존재는 누구입니까?

답 하나님(고전 2:7), 그리스도(마 11:27), 거룩한 천사들(마 18:10), 하늘과 땅에 있는 성도들(고후 5:7).

제4문 하나님에 관한 지식은 어떻게 구분됩니까?

답 믿음으로 아는 지식과(히 11:6) 눈으로 보듯 확실하게 아는 지식으로(요일 3:23) 구분됩니다. 자연적인 지식과 계시로 말미암는 지식(마 16:17)으로 구분할 수도 있습니다.

제5문 하나님에 관한 자연적인 지식(자연적으로 주어진 지식)이 사람 안에 있습니까?

답 자연적인 지식은 불경건한 자들 안에 분명히 존재하며(롬 1:19, 2:14), 모든 사람이 이에 동의합니다. 그러한 지식이 존재함은 ⑴ 나 자신과 모든 피조물에 대한 관찰로부터(시 19:2; 욥 12:9), (2) 하나님의 말씀으로부터, (3) 은혜의 빛으로부터(창 15:1) 명백합니다.

제6문 자연적인 지식은 하나님의 말씀에 계시되어 있는 것에 반대됩니까?

답 아닙니다. 빛이 빛에 반대될 수 없고, 진리가 진리에 반대될 수 없습니다. 이 모든 것은 진리의 하나님 안에 기반하고 있기 때문입니다.

제7문 하나님에 대한 자연적인 지식은 구원에 이르게 하기에 충분합니까?

답 하나님에 대한 자연적인 지식은 필요하고 유용하지만, 사람의 구원을 위해서는 충분하지 않습니다. 자연적인 지식은 그리스도의 전가된 의(요 14:6; 마 16:17; 빌 3:9), 참된 믿음(히 11:6; 롬 10:17) 등에 대해 가르쳐주지 않기 때문입니다.

제8문   하나님에 관한 계시된 지식이란 무엇입니까?

답   이는 하나님의 특별 계시를 통해 주어진 지식입
        니다. 즉, 꿈(창 37:5), 환상(출 3:2), 현현(단 9:21), 직접
        적인 말씀하심(민 12:8), 통상적인 말씀의 선포(롬
        10:14), 성령님의 조명하심(시 119:18)을 통해 주어진
        지식입니다.

제9문   하나님에 관한 지식이 그저 피상적이어도 충분합
        니까?

답   누구든지 구원을 받으려면 거룩한 복음의 모든
        필수 진리와 함께, 그리스도 안에서 하나님을 알
        아야 합니다. 이는 애정^{affection}을 불러일으키는 방
        식으로, 효과적으로, 체험적으로 아는 것을 의미
        합니다(엡 4:21; 욥 24:13).

제10문 그렇다면 모든 지식의 총합은 무엇입니까?

답   죄인이 십자가에 못 박히신 그리스도로 말미암아
        (고전 2:2; 요 20:31) 구원받아 하나님의 영광의 찬송이

된다는 사실을 기록된 말씀으로부터 배우고, 체험
적으로도 배우는 것입니다.

2장
참된 종교에 관하여

제1문 참된 종교란 무엇입니까?

답 참된 종교란 하나님의 영광과 택함받은 죄인의 구원을 위해, 그리스도 안에서 하나님을 알고, 인정하고, 섬기는 올바른 방식을 뜻합니다(딛 1:1-2; 시 25:8).

제2문 거짓 종교도 있습니까?

답 그렇습니다. (1) 이방인의 종교, (2) 유대교, (3) 이슬람교, (4) 배교한 그리스도인의 종교가 그 예입니다.

제3문 다른 종교를 통해 구원받을 수 있습니까?

답 주도 한 분이시요 믿음도 하나요 세례도 하나이
기 때문에(엡 4:5), 그리스도와 연합하지 않은 자는
그 누구도 구원받을 수 없습니다(요 14:6; 엡 3:17). 이
사실은 하나님의 말씀에 확립되어 있습니다.

제4문 참된 종교는 무엇에서 비롯됩니까?

답 참된 종교는 (1) 하나님의 지고한 가치와 주권(렘
10:6-7), (2) 하나님에 대한 우리의 의존성, (3)우리
를 향한 하나님의 일반 은총 및 특별 은총으로부
터(행 17:28; 고전 6:20) 비롯됩니다.

제5문 참된 종교를 위해 하나님은 우리에게 무엇을 실천
하라고 하십니까?

답 (1) 믿음의 비밀을 발견하고(요 17:3), (2) 그리스도
안에서 그분의 약속을 취하고(고후 1:20), (3) 계명을
지키는 것(시 119:4).

제6문   참된 종교에서 신자가 성취해야 하는 부분은 무엇
        입니까?

답   (1) 그리스도 안에서 하나님을 아는 참된 지식이
        자라가야 하며(요 17:3), (2) 그리스도 안에서 하나
        님이 기뻐하시는 것을 신실하게 행해야 합니다(요
        13:17).

제7문   참된 종교의 의무는 무엇입니까?

답   참된 종교의 본질로부터 도출되며 하나님의 명령
        에 의해 지지되는 의무들이 있습니다. 이는 종교
        의 외적인 면과 내적인 면을 모두 포괄합니다(시
        38:10, 50:4; 눅 18:13).

제8문   구원을 위해 반드시 알아야 하는 것은 무엇입니까?

답   경건한 사람은 구원받기 위해 (1) 하나님을 알아
        야 하며(요 17:3), (2) 중보자이신 그리스도를 알아
        야 하며(딤전 2:5), (3) 믿음의 도에 대해 알아야 합
        니다. 이 지식들은 그리스도를 통해 하나님께 나

아가기 위해서 꼭 필요합니다(요 14:6).

제9문 **참된 종교와 반대되는 것은 무엇입니까?**

답 불경건, 미신, 불신, 이단, 배교, 분열, 교리와 삶의 온갖 오류들(엡 6:11; 시 125:5; 엡 4:14).

제10문 **참된 종교의 표지는 무엇입니까?**

답 참된 종교는 (1) 하나님을 가장 높이고(시 115:1), (2) 자기 자신을 완전히 낮추고(마 16:24), (3) 순전한 내적 경건을 열렬히 추구합니다(딛 1:1).

제11문 **이런 표지들을 어디에서 찾을 수 있습니까?**

답 모든 것을 하나님의 말씀에서 배우고 성령의 인도 안에서 체험하는 참된 개혁파 그리스도인의 종교 안에서 찾을 수 있습니다. 이는 하나님이 모든 것이며 피조물은 아무것도 아닌 종교를 산출합니다(시 115:1).

제12문 참된 종교의 교리가 당신을 어떻게 돕습니까?

답   ⑴ 모든 거짓된 생각들과 자기 의존을 버리고 성
        령 안에서 하나님을 섬기는 법을 배우게 하며(요
        4:24), ⑵ 그리스도 안에서 하나님의 이름과 하나
        님의 진리를 나의 마음과 나의 입으로 고백하게
        함으로써(롬 10:10) 나를 돕습니다.

3장
성경에 관하여

제1문   성경이란 무엇입니까?

답   성령에 의해 영감되고, 하나님의 영광과 택자들의 구원을 위해 기록된 권위 있는 신구약 정경들 안에서 발견되는 하나님의 말씀입니다(벧후 1:21).

제2문   성경은 어떻게 구분됩니까?

답   성경 66권은 흔히 구약과 신약으로 나뉩니다. 구약을 더 나누면 모세의 글과 선지서와 시편으로 구분할 수 있습니다(눅 24:44). 신약은 역사서와 교리서와 예언서로 구분할 수 있습니다.

제3문   외경을 신적인 글에 포함시키지 않는 이유는 무
        엇입니까?

답   ⑴ 외경은 하나님에 의해 영감 받은 사람들이 쓴
        것이 아니며, ⑵ 유대인 교회는 이를 정경으로 받
        아들이지 않았고, ⑶ 신적인 특성이 결여되어 있
        으며, ⑷ 참되지 않기 때문입니다.

제4문   신적인 책들이 권위가 있다고 말하는 이유가 무
        엇입니까?

답   신앙과 삶의 규범을 담고 있기 때문입니다. 즉 우
        리가 믿어야 할 것은 무엇이며, 우리가 해야 할
        것은 무엇이며, 하지 말아야 할 것은 무엇인지 지
        시합니다(사 8:20; 갈 6:16).

제5문   기록된 말씀은 항상 존재했습니까?

답   모세 시대 이전에는 하나님이 계시와 직접적인
        말씀으로 자신의 뜻을 전하셨습니다(창 18:1). 하나
        님의 뜻은 아버지들에 의해 자녀들에게 구두로

전달되었고(창 18:19), 그때는 그런 방식이 여러 가지 이유로 지금보다 더 잘 이루어질 수 있었습니다.

제6문 성경이 기록되게 한 분은 누구입니까?

답 하나님이 그렇게 하셨습니다(딤후 3:16). 하나님은 선지자와 복음서 기자와 사도를 통해 성경을 기록하셨고, 성령의 영감을 통해 그들의 글에 오류가 없게 하셨습니다(출 17:4; 계 1:19; 벧후 1:21; 요 16:13).

제7문 성경은 어떤 언어로 기록되었습니까?

답 구약의 대부분은 히브리어로 기록되었고, 그중 일부는 갈대아어(아람어를 말함—편집주)로 기록되었습니다. 신약은 그리스어로 기록되었습니다.

제8문 성경은 신적인 책입니까?

답 모든 성경은 모든 단어와 모든 내용에 있어 신적인 책입니다(딤후 3:16). 그러므로 우리에게 가장 양

심적인 복종과 순종을 요구할 신적인 권위가 있
습니다(사 8:20; 시 12:7).

제9문 성경의 신적 성질은 어떤 식으로 나타납니까?

답   (1) 거룩하고 고귀한 내용으로 말미암아, (2) 저자
들의 경건함으로 말미암아(벧후 1:21), (3) 신비로 말
미암아, (4) 예언의 성취로 말미암아, (5) 회심하지
않은 자와(렘 23:29) 회심한 자의(시119:92) 마음에 미
치는 강력한 효과로 말미암아, (6) 기적들로 말미
암아 그 신적 성질이 나타납니다.

**제10문 어떻게 하면 그리스도인이 성경의 신적 성질과 권
위를 확신할 수 있습니까?**

답   (1) 성령의 내적 조명과 확신을 통하여(시 119:18; 고
후 4:13; 요일 5:6), (2) 성경의 신적인 표지를 통하여(벧
후 1:19; 눅 16:29), (3) 교회의 증언을 통하여. 다만 성
경의 권위는 오직 교회의 증언에만 달려 있는 것
이 아니고, 기본적으로 교회의 증언에 달려 있는

것도 아닙니다(엡 2:20).

제11문 **성경은 무류합니까?**

답 성경은 본질에 있어서 무류하며 각 부분들에 있
어서도 무류합니다(고전 4:6; 딤후 3:14; 시 19:8). 따라서
성경에는 오류나 누락된 부분이 없습니다(마 5:18).
그러므로 우리는 인간의 전통을 필요로 하지 않
습니다(마 15:6-9).

제12문 **성경은 명료합니까?**

답 성경이 비록 깊은 신비를 담고 있기는 하지만(벧후
3:16), 하나님은 성경 안에서 구원의 길을 인간에
게 계시할 수 있으셨고 참으로 그렇게 하셨습니
다(시 19:9; 벧후 1:19; 시 25:14). 구원받지 않은 자도 문
자적으로는 성경을 이해할 수 있으나, 오직 구원
받은 자만이 성경을 영적으로 이해할 수 있습니
다(마 13:20; 고전 2:14).

제13문   개인이 성경을 읽을 수 있습니까? 그리고 읽어야
        합니까?

답   구약과 신약의 전체 성경을 모든 사람이 읽을 수
        있으며, 읽어야 합니다(신 6:6; 골 3:16; 신 17:9[1]; 요 5:39).
        경외하는 마음으로(사 66:2), 주의 깊게(고전 2:13), 기
        도하는 자세로(시 119:18), 회심하기 위해서(롬 10:17),
        더 거룩해지기 위해서(요 17:17) 읽어야 합니다.

제14문   성경은 원어로부터 다른 언어로(우리들이 사용하는 언어
        로) 번역될 수 있습니까?

답   네, 분명히 그렇습니다(슥 3:9; 고후 12:28). 물론 모든
        번역은 그 자체로는 충분하지 않고 반드시 원어
        성경에 비추어 테스트되어야 합니다. 그 이유는
        원어 성경만이 최고의 권위를 지니고 있기 때문
        입니다.

---

1. 신명기 17:19을 말하는 것으로 보인다.

제15문 누가 성경의 참된 의미를 설명해야 합니까?

답   하나님 말씀의 무류한 해설자는 하나님 자신입니
      다. 물론 설교자도 성경의 참된 의미를 설명해야
      하고(엡 4:11, 행 20:20, 27), 모든 그리스도인들도 경외
      하는 마음으로 하나님의 말씀의 의미를 살펴야
      합니다(고전 2:15, 10:15; 살전 5:21; 요일 4:1).

제16문 모든 성경은 설명되어야 합니까?

답   자연적인 일들과 초자연적인 일들을 무류한 진리
      로서 가르치는(요 17:17) 성경은 그 모든 부분과 구
      원하는 가르침들이 반드시 설명되어야 하며, 교
      훈하는 데 사용되어야 합니다(행 20:20, 27). 성경을
      설명하는 사람은 성령의 조명을 위해 기도하면서
      모든 겸손과 경건과 경외심 가운데 성경을 설명
      해야 합니다(약 4:16; 시 119:18).

**제17문 성경에서 도출된 것은 무엇이든 진리라고 믿어야
      합니까?**

답   그렇습니다. (1) 그리스도와(마 22:32) 사도들이 그
      렇게 했습니다(고전 15:13; 롬 3:28). (2) 성경을 상고하
      는 것이 명령되고(요 5:39) 칭찬받기(행 17:11) 때문입
      니다.

제18문 성경을 어떻게 사용해야 합니까?

답   자기 자신의 명철과 추론을 의지하지 말고, 하
      나님의 말씀의 능력을 진정으로 느끼고 고백하
      고 체험할 수 있도록 성령의 조명을 위해 기도하
      면서 성경을 사용해야 합니다(고후 10:5; 시 37:31; 갈
      6:16).

4장
하나님의 존재와 이름들에 관하여

제1문   **하나님은 어떤 분이십니까?**

답   하나님은 불가해하시며(잠 30:4), 영원하시며(욥
         11:7), 완전한 영이시며(마 5:48; 요 4:24), 존재^{being}에
         있어 한 분이시며(신 6:4), 세 위격으로 존재하시는
         분입니다(요일 5:7).

제2문   **그러나 성경은 하나님이 손, 눈, 발 같은 사람의
         지체를 갖고 계신 것처럼 말하지 않습니까?**

답   그런 것들은 사람의 지체와 유사한 하나님의 어
         떤 특성을 표현하기 위해 하나님을 비유적으로

묘사한 것으로 이해해야 합니다(히 4:13, 10:31; 사 66:1).

제3문 그렇다면 하나님은 존재^{being}이십니까?

답 그렇습니다. 하나님은 자존하시며(출 3:14), 아무것에도 의존하지 아니하시며(요 17:24), 영이시며(요 4:24), 보이지 않으시며, 죽지 아니하시며(딤전 6:16), 비교할 이 없이 독보적이시며(사 40:18), 타인의 통치를 받지 않고 자치적이시며(창 17:1), 완벽히 거룩하신 존재이십니다.

제4문 신적인 존재^{being}가 한 분 이상 있습니까?

답 사악한 피조물들에 의해 많은 것들이 신이라 불리며 신으로 여겨지지만, 오직 한 하나님이 계십니다(고전 8:5-6; 딤전 2:5).

제5문 하나님의 존재^{being}는 우리에게 무엇을 가르쳐줍니까?

답　　그토록 예배받기 합당하시며, 영원하시며, 완전하시며, 놀라우신 분께 경탄할 것과(시 104:1), 그분의 위대하심과 나의 아무것도 아님 안에서 나 자신을 잊어버릴 것과(시 89:7; 사 6:5), 그분의 영광을 마음(시 103:1)과 입(시 71:15)과 행실(마 5:16)을 통해 기뻐할 것을 가르쳐줍니다.

제6문　하나님은 이름이 필요하십니까?

답　　하나님은 이름이 필요 없으시지만(시 89:7; 잠 30:4), 여러 가지 이유로 하나님은 자신을 여러 이름으로 우리에게 알리는 호의를 베푸셨습니다(출 34:6).

제7문　하나님의 이름에는 어떤 종류가 있습니까?

답　　(1) 그분의 신성을 나타내는 이름, (2) 그분의 탁월함을 나타내는 이름, (3) 그분을 상징하는 이름, (4) 그분의 참된 이름인 여호와.

제8문   신성을 나타내는 이름으로는 어떤 것들이 있습니까?

답   '신God'이라는 이름은 상징적으로 천사(시 97:6), 정
       부(시 82:6), 우상(고전 8:5), 배(빌 3:19), 그리고 심지어
       마귀(고후 4:4)를 지칭하는 데 사용되기도 합니다.
       그러나 삼위 하나님을 나타내는 이름으로는 엘로
       힘Elohim이라는 이름과 데오스Theos라는 이름이 있
       습니다. 엘로힘은 맹세하시는 언약의 하나님(창
       17:6) 혹은 경배받기에 합당하신 하나님(렘 10:7)이
       라는 의미이며 데오스는 모든 것을 보시는 하나
       님을 의미합니다(히 4:13).

제9문   하나님의 속성들을 표현하는 이름으로는 어떤 것
       들이 있습니까?

답   하나님이라는 뜻을 지닌 엘El(시 22:2), 전능하다는
       뜻을 지닌 샤다이Shaddai(창 17:1), 가치 있다는 뜻을
       지닌 야흐Jaach(렘 10:7), 모든 것을 자기 발아래에
       둔다는 뜻을 지닌 아도나이Adonai(시 110:1), 주님이

라는 뜻을 지닌 큐리오스*Kurios*(계 19:19), 지존자라는 의미를 지닌 게넬욘*Gnelion*(시 83:19) 등이 있습니다.

제10문 **하나님의 상징적 이름으로는 어떤 것들이 있습니까?**

답 하나님은 상징적으로 해, 방패(시 84:12), 요새, 반석, 바위(시 18:2) 등으로 불리십니다.

제11문 **하나님의 참된 이름은 무엇입니까?**

답 여호와라는(호 12:5-6) 어마어마한 이름입니다. 이 이름은 이미 모세 시대 이전부터 알려졌고(창 4:2), 읽히고, 사용되었으나, 어떤 피조물에게도 부여되지 않았으며(시 42:8[1]), 오직 하나님과(시 83:19) 그리스도에게만 사용되었습니다(렘 23:6). 이를 통해 하나님은 그 이름에 속한 모든 영광을 자신에게

---

1. 이사야 42:8을 말하는 것으로 보인다.

만 돌리신 것입니다(사 42:8).

제12문　하나님의 이름들이 당신에게 무엇을 가르칩니까?

답　　　하나님의 선하심을 예배하고 인정할 것을 가르칩
　　　　니다. 우리 마음의 변화와 성화를 위해 그분의 이
　　　　름의 능력 안에서 기도할 때 하나님의 선하심이
　　　　우리에게 계시될 것입니다(시 8:1).

5장
하나님의 완전성에 관하여

제1문 하나님의 완전성은 그분의 존재being로부터 구분됩니까?

답 하나님의 완전성들, 하나님의 속성들, 하나님의 미덕들은 서로 간에 구분되어서는 안 되며, 하나님 자신으로부터도 구분되어서는 안 됩니다. 하나님 안에 있는 모든 것이 불가해한 완전함입니다. 이런 이유로 하나님은 빛(요일 1:7), 생명(요 14:6), 진리(렘 10:10)로 불리십니다.

제2문   하지만 그것들은 우리의 이해를 위해서 흔히 어떻
        게 구분됩니까?

답   공유적 속성과 비공유적 속성으로 구분됩니다(벧
        후 1:4). 또한 존재[being]에 관한 속성, 현존[existence]에
        관한 속성, 생명에 관한 속성으로 구분됩니다.

제3문   하나님의 존재[being]에 관한 속성으로는 어떤 것이
        있습니까?

답   존재[being], 결정, 약속, 미덕에 있어서(약 1:17; 시
        102:28; 말 3:6) 하나님은 자치성[authonomy](창 17:1; 행
        17:24), 영원성(욥 11:7), 단순성(렘 10:10)[1], 불변성을
        갖고 계십니다.

제4문   하나님의 현존[existence]에 관한 속성으로는 어떤 것

---

1. 하나님의 단순성에 대한 교리는 17-18세기 개혁파 정통주의 안에서 중요한
주제였다. 저자는 이 문구에서 그것을 반영하고 있다. 이 문제에 대한 더 충
분한 논의는 다음의 책을 참조하라. Richard A. Muller, *Post-Reformation
Reformed Dogmatics*, vol. 4 (Grand Rapids: Baker Academic, 2003),
413-16.

이 있습니까?

답   하나님은 시작이 없으시고, 시간에 영향을 받지
      않으시며, 끝이 없이 영원하시며(시 90:2; 계 1:8), 그
      분의 존재being와 사역이 하늘과 땅에 편재하십니
      다. 하나님의 완전하심 전체가 모든 곳에 동시에
      계십니다(렘 23:23; 마 6:9).

제5문   하나님의 생명에 관한 속성으로는 어떤 것이 있습
       니까?

답   하나님의 지식이 이에 속합니다. 하나님은 소위
      중간 지식middle knowledge[2]이라고 불리는 것을 통하

---

2. 중간 지식에 대해서는 다음의 책을 참조하라. Muller, *Post-Reformation
Reformed Dogmatics*, vol. 3, "3. Middle knowledge, *scientia media*,"
417-20. 이것은 인간이 지닌 여러 가지 가능성에 관련된 것으로, 그 시대
의 어떤 로마 카톨릭 신학자에 의해 고안되었고, 소시니안주의자들과 항론
파 사상가들에 의해 받아들여진 신적 지식의 한 범주이다. 그 주장은 다음과
같다. "피조물의 가능성의 영역에 대한 하나님의 확정적이지 않은 지식은 일
어날 일에 대한 그분의 선지식(foreknowledge)에 따른 것이며, 그것은 피
조물의 자유로운 선택에 따른 것이지 그분의 작정에 따른 것은 아니다."(p.
417) 정통 개혁파와 도미니칸 사상가들은 이 교리를 배척했다. 여기서 저자
가 이 개념을 하나님의 자기 지식에 적용시키는 것은 아주 흥미롭다.

지 않고 자기 자신을 직접적으로 완전히 아시며
(마 11:27), 자신의 외부에 있는 것도 그런 방식으로
아십니다(히 4:13). 하나님은 큰 것(시 147:4), 작은 것
(마 10:30), 미래(행 1:24), 현재(사 41:22), 생각(시 139:2),
선과 악(잠 5:21)을 아십니다. 그분은 자신의 뜻(감추
어진 뜻과 나타난 뜻으로 구분가능함, 신 29:21)을 포함하여(롬
12:2) 모든 것을 아십니다(삼상 2:3).

제6문   여기서 반드시 추가되어야 할 하나님의 덕목은 무
          엇입니까?

답   하나님은 거룩하신 속성에 의해 죄악된 모든 것
          을 미워하십니다(합 1:13). 또한 하나님은 공의로우
          셔서 의인에게 상을 주시며 악인에게 벌을 주십
          니다(출 34:7; 느 9:33; 시 11:7).

제7문   하나님이 자신의 공의를 무시하고 죄를 벌하지 않
          고 넘어가실 수 있습니까?

답   그분의 거룩하심, 공의, 진리 때문에 그러실 수

없습니다. 하나님은 범죄한 자를 무죄하다고 여기지 않으십니다(출 34:7-8). 하나님은 범죄한 자의 죄를 그 사람 안에서 벌하실 것이며(롬 1:32), 택자의 죄를 그들의 보증이 되시는 하나님의 아들 안에서 벌하실 것입니다(사 53:5).

제8문 **하나님의 오래 참음이란 무엇입니까?**

답 오래 참으시는 하나님은 죄인을 향한 공의로운 진노를 연기하고, 죄인을 구원하고, 참아내고, 자주 복을 내리십니다(출 34:6). 결과적으로 유기된 자는 확실한 정죄에 이르고, 택자는 회심과 구원에 이릅니다(롬 2:4).

제9문 **하나님의 은혜란 무엇입니까?**

답 하나님의 은혜란 사악한 죄인들을 선대하길 원하시고, 진실로 선대하시는(시 116:5) 하나님의 덕목입니다.

제10문   하나님의 자비란 무엇입니까?

답   하나님은 자비 안에서 일반적으로는 모든 사람을
        (시 145:9) 특별히는 그리스도 안에 있는 택자를(출
        34:6) 그들의 비참함으로부터 구출하러 오십니다.
        그러므로 하나님은 자비로운 아버지와(시 103:13)
        목자에(시 23:1) 비유되십니다.

제11문   하나님이 그분의 놀라운 덕목들을 가장 선명하게
        계시하신 곳은 어디입니까?

답   하나님은 그분이 행하시는 모든 사역을 통해 자
        신의 덕목을 계시하시지만(시 104:24), 비참하고 지
        옥에 합당한 죄인들을 그리스도와의 교제 안으
        로 데려오시는 은혜의 사역 안에서 자신의 덕목
        을 가장 선명하게 계시하십니다. 하나님은 이 일
        을 영원한 선하심(시 25:8)과 자비(롬 2:4), 그리고 사
        랑(시 146:8) 안에서 행하십니다.

제12문   하나님의 모든 덕목은 당신에게 무엇을 가르칩니

까?

답   하나님의 완전하신 모든 속성들을 영화롭게 하는

방식으로 나의 영혼의 영원한 구원을 추구해야

함을 가르칩니다(시 115:1; 롬 11:36).

6장
삼위일체에 관하여

제1문   성경에 더 깊이 계시된 하나님의 신비로는 어떤 것이 있습니까?

답   단일한 존재$^{single\ being}$(신 6:4)이신 신적 존재$^{divine\ being}$(창 1:1)께서는 구분되는 세 위격인 성부, 성자, 성령(마 28:19; 요일 5:17[1])으로서 계십니다.

제2문   어떤 근거로부터 거룩하신 삼위일체를 증명할 수 있습니까?

---

1. 요한일서 5:7을 말하는 것으로 보인다.

답   (1) 하나님이 복수형으로 지칭되는 본문에서(전 12:1, 사 54:5), (2) 하나님이 하나 이상의 위격으로 지칭되는 본문에서(창 1:26, 3:22, 11:7), (3) 세 위격의 이름이 구체적으로 언급되는 본문에서(사 63:9-10; 학 2:6; 시 33:6; 마 28:19; 요일 5:7) 삼위일체를 증명할 수 있습니다.

제3문   세 위격께서는 어떻게 서로 구분되십니까?

답   하나님의 위격적 속성 안에서 성부는 낳으시고(시 2:7), 성자는 발생되시며(요 5:26), 성령은 아버지와 (요 15:26) 아들로부터(롬 8:9; 갈 4:6) 입의 기운과 같은 신비한 방식으로(욥 33:4; 시 33:6) 나오십니다.

제4문   세 위격께서는 위격적 속성에 따라 어떻게 구분되십니까?

답   그분들의 이름(마 28:19), 존재being의 질서, 하시는 일, 삼위일체 외부에서의 경륜적 사역에 의해 구분되십니다. 경륜적 사역에 있어서 아버지는 창조자이시며(마 11:25), 아들은 구원자이시며(고전 1:30), 성령은 거룩하게 하시는 분입니다(고전 6:11).

제5문 **성부는 참된 신적 인격이십니까?**

답 지식과 의지와 사역이 그분께 돌려지므로(마 11:25-26; 요 5:17) 명백히 그러합니다. 또한 성부는 하나님으로 불립니다(요 3:16, 17:2).

제6문 **성자는 참된 인격이십니까?**

답 그렇습니다. 지식(마 11:27)과 의지(요 17:24)와 사역(요 5:17) 등 인격적 속성들이 성자에게도 돌려지기 때문입니다.

제7문 **어떻게 성자의 신성을 증명할 수 있습니까?**

답 (1) 그분의 신적인 이름으로부터(렘 23:6; 요 1:1), (2) 그분의 영원성(사 9:5), 자치성(계 1:8), 전지성(요 21:17), 편재성(마 18:20) 등의 속성으로부터, (3) 창조(요 1:3), 섭리(히 1:3), 기적(요 11:43), 구원(고전 1:30) 사역에서 드러난 그분의 신적 사역으로부터, (4) 예배의 대상이 되시고(히 1:6), 믿음의 대상이 되시고(요 14:1), 그분의 이름으로 세례를 받는(마 28:19) 등 그분께 부여된 신적 영예로부터.

제8문 **성령은 참된 인격이십니까?**

답 성령은 단지 하나님의 능력에 불과한 것이 아니라 참된 인격이십니다. 그분은 지식(고전 12:20), 판단(행 15:28), 의지(고전 12:11) 등의 인격적 특성을 지니고 계시며, 말씀하시며(마 10:20), 성도 안에 거하시며(고전 6:19), 삼위일체의 세 번째 위치를 차지하시기(요일 5:7) 때문입니다.

제9문 **성령은 단일한 별도의 인격이십니까?**

답 성령은 혼합된 복합체가 아니라 단일한(고전 12:11; 시 33:6) 별도의(요 14:16; 마 28:19) 인격이십니다.

제10문 **어떻게 성령의 신성을 증명할 수 있습니까?**

답   (1) 그분의 신적인 이름으로부터(사 6:8-9; 행 28:25; 민 14:27; 사 63:10; 행 5:4), (2) 그분의 영원성(창 1:2), 편재성(시 139:7), 전지성(고전 2:10) 등의 속성으로부터, (3) 창조(시 33:6; 욥 33:4), 섭리(시 104:30), 은혜의 사역(엡 1:19-20)에서 드러난 그분의 신적인 사역으로부터, (4) 예배의 대상이 되시고(아 4:16), 그분의 이름으로 세례를 베풀며(마 28:19), 그분을 훼방하는 것이 용서받을 수 없는 죄가 되는 등 그분께 부여된 신적인 영예(마 12:31)로부터.

제11문 삼위일체 교리는 구원 신앙을 위해 반드시 필요하며 유용합니까?

답   분명히 그렇습니다. 전체적인 은혜 언약과(요 14:6) 영원한 구원이 여기에 달려 있습니다(요 17:3; 요일 2:23). 삼위일체 교리는 경건의 연습과 하나님의 백성의 참된 위로에(요 14:1) 유용합니다.

제12문 삼위일체 교리는 당신에게 무엇을 가르칩니까?

답 　 하나님이 그분의 신적인 경륜 안에서 스스로 계

시하신 대로, 성부는 심판자로(시 9:5), 성자는 구속

자로(고전 1:30), 성령은 거룩하게 하시는 분으로(고

전 6:11) 알기를 특별히 힘써야 함을 가르칩니다.

7장
하나님의 일반 작정과
특별 작정에 관하여

제1문 **하나님의 사역은 어떻게 구분할 수 있습니까?**

답 내적 사역과 외적 사역으로, 영원한 사역과 일시적 사역으로, 자연적인 사역과 은혜의 사역으로 구분할 수 있습니다.

제2문 **하나님의 영원한 사역이란 무엇입니까?**

답 하나님의 영원한 사역이란 하나님이 자신의 영원한 뜻(엡 1:5)과 계획(엡 1:11)에 따라, 자신의 영광(잠 16:4)과 택자의 구원을 위해(롬 8:28; 벧후 3:9) 시간 안에서 행하실 모든 일들을 결정하신 것을 말합니다.

제3문   하나님의 작정의 특징은 무엇입니까?

답   하나님의 작정은 영원하며(행 15:18), 지혜로우며
(롬 11:33-34), 선하며(마 11:26), 독립적이며(롬 11:34),
불변합니다(사 46:10). 또한 큰 자(단 4:17), 작은 자(마
10:29), 자발적인 것(창 50:24), 가능한 것(행 4:28), 선
한 것(약 1:17), 악한 자(창 20:16), 삶과 죽음(욥 14:5)을
비롯하여 모든 것에 미칩니다(행 15:18; 엡 1:11).

제4문   하나님의 특별 작정이란 무엇입니까?

답   택하심을 따라 누가 구원받을지, 유기를 따라 누가
저주받을지에 관하여, 천사와(딤전 5:8) 사람의(살전
5:9) 운명을 하나님이 예정하시는(롬 8:30) 것입니다.

제5문   예정은 어떤 특징을 갖습니까?

답   하나님의 예정은 영원하며(엡 1:4), 지혜로우며, 그
리스도 안에서 이루어지며(엡 1:4; 마 11:26), 독립적

이며(롬 11:34), 변하지 않으며(롬 9:11; 딤후 2:19), 이름으로도 하나님께 알려진(롬 9:13) 적은 수의 무리(마 20:16)와 미약한 사람들(고전 1:26)을 배제하지 않습니다.

제6문   하나님이 어떤 이는 택하고 어떤 이는 택하지 않으시는 이유는 무엇입니까?

답   사람의 믿음이나 선행을 미리 내다보신 데 그 원인이 있지 않습니다. 사람의 믿음이나 선행은 예정의 열매이자 결과일 뿐입니다(행 13:48; 엡 1:4). 하나님은 기뻐하시는 주권적 뜻에 따라 어떤 이는 택하고 어떤 이는 택하지 않으십니다(롬 9:13, 16, 18; 마 11:25-26).

제7문   이것은 한 사람이 은혜의 수단을 성실하게 사용하거나 태만시하는 것과 전혀 무관한 문제입니까?

답   하나님은 자신의 은혜의 영광과(엡 1:4, 6) 택자의 구원을 위해(살후 2:13) 그리스도 안에서 사람들을 택하사(벧전 1:20) 그들에게 믿음과 성화(살후 2:13)를 추구할 능력을 주십니다.

제8문 **영원한 택함의 표징은 무엇입니까?**

답 신자가 신중한 자기점검과(슥 2:1) 성령의 조명(롬 8:16) 가운데 자신이 택자 중 하나라는 것을 알 수 있게 하는 표징으로는 믿음(행 13:38), 소망, 사랑(살전 1:3-4)이 있습니다.

제9문 **유기에 관한 충격적인 진리는 무엇입니까?**

답 주권자이신 하나님은 자신의 공의의 영광을 위해 예정의 한 부분인 유기를 통해(잠 16:4) 대부분의 사람들을 그들의 타락 가운데 머물게 허락하고 그들을 멸망에 내어주기로 결정하셨습니다(롬 9:17, 22).

제10문 **유기의 특징은 무엇입니까?**

답 그것은 영원하며(롬 9:11), 자유로우며(롬 9:13), 불변하며(롬 9:1; 요 3:36), 하나님에게는 분명하나 피조물에게는 불분명합니다(롬 9:17). 그 대상 안에는 문벌 좋은 사람(고전 1:26)들을 포함하여 아주 많은 사람들(마 20:16)이 포함되고 그들의 이름이 하나님께 알려져 있습니다(롬 9:13).

제11문 **이 고귀한 진리가 당신에게 무엇을 가르쳐줍니까?**

답 하나님의 주권과 은혜와 공의를 인정하고(롬 11:33), 그리스도 안에서 내가 긍휼의 그릇일 수 있다는 하나님의 계시된 뜻에 겸손히 굴복할 것을(롬 9:23; 고전 4:7) 가르쳐줍니다.

8장
창조에 관하여

제1문 **자연에 대한 하나님의 사역은 무엇입니까?**

답 하나님은 창조와 섭리를 통해 무에서부터 모든 것을 아름답고 완전하게 이끌어 내셨으며(창 1:1-2), 이를 통해 자신의 영광이 찬양받도록 의도하셨습니다(시 104:24).

제2문 **누가 창조자입니까?**

답 오직 삼위(시 33:6) 하나님만이 창조자이십니다(창 1:1; 욥 9:8). 하나님의 신적인 경륜에 따라 특히 성부께서 창조자가 되십니다(마 11:25). 천사나 사람은 창조자가 아닙니다(시 96:5; 마 6:27).

제3문 하나님은 무엇을 창조하셨습니까?

답   하나님은 시간 안에서 자신의 의지적 행동을 통하여, 하나님 밖에 존재하는 모든 것을 창조하셨습니다(느 9:6). 즉, 하나님이 거하시는 처소(왕상 8:27), 천사들(마 18:10), 땅 위의 사람들(행 17:26), 이 땅을 창조하셨습니다.

제4문 하나님은 천지를 어떻게 창조하셨습니까?

답   하나님은 선재하는 물질이나 영원한 물질 없이(히 11:3; 롬 4:17), 순전히 그분의 뜻의 명령만으로(시 33:9; 계 4:11), 무無로부터 천지를 창조하셨습니다. 하나님은 한순간에 창조하지 않으시고, 6일 동안 매일 특별하고 놀라운 일을 행하심으로 천지를 창조하셨습니다(창 1; 출 20:11).

제5문 하나님은 천사들도 창조하셨습니까?

답 그렇습니다(시 104:4). 필시 첫째 날에 창조하셨을 것입니다(욥 38:7). 천사들은 하나님이 하시는 일들 (창조와 섭리라는 자연에 대한 사역과 은혜의 사역)을 보고 즉 각적으로 하나님을 영화롭게 하기 위해 창조되었 습니다(욥 38:7; 눅 2:13).

제6문 천사란 어떤 존재입니까?

답 천사는 몸이 없는 영적 존재입니다(시 104:4). 그들 은 지식(시 103:20; 벧전 1:12)과 의지(시 103:20)와 뛰어 난 힘(살후 1:7; 왕하 19:35)을 부여받았습니다.

제7문 천사들은 어떻게 창조되었습니까?

답 천사들은 셀 수 없을 정도로 많은 무리로(단 7:10), 선한 존재로, 하나님과 그리스도와 신자를 섬기기 위해 창조되었습니다(시 148:2; 마 4:11; 히 1:14). 선한 천사들은 그리스도를 머리로 삼아 그리스도와 함 께 세워졌으며, 나머지는 하나님께 반역하고 하나 님을 떠나 구속불가능한unredeemable 귀신이 되었습니다(유 6).

제8문 하나님은 땅 위에 어떤 피조물을 창조하셨습니까?

답 하나님은 동물적인 존재와 비동물적인 존재, 이성적인 존재와 비이성적인 존재를 창조하셨습니다. 특히 최초의 두 사람을 만드셨습니다. 하나님은 흙으로 아담을 만드셨고(창 2:7), 아담의 갈빗대로 하와를 만드셨습니다(창 2:21). 하나님은 이 일을 같은 날에 행하셨습니다. 이 두 사람을 만드심은 그들이 하나님을 찬양하고 하나님의 뜻을 행하도록 하기 위함입니다(요 6:27).

제9문 사람이란 어떤 존재입니까?

답 사람은 이성과 불멸하는 영혼을 지닌 존재로서(마 10:28) 땅 위의 이성적인 피조물입니다. 하나님은 사람을 무로부터 창조하셨고(슥 12:1), 이해력, 판단력, 의지력을 주셨습니다. 하나님은 사람에게 아름다운 몸을 주셨고, 독처하지 않고 서로 긴밀한 관계를 맺게 하셨으며(시 139:14-15), 하나님을 섬기며 구원을 이룰 수 있게 하셨습니다(빌 2:13).

제10문 하나님이 일곱째 날에 안식하신 것은 어떤 의미를 갖습니까?

답 하나님이 피곤하셨기 때문이 아닙니다(사 40:28). (1) 하나님은 새로운 종류의 피조물을 창조하는 것을 멈추셨으며, (2) 자신이 지으신 것들을 즐거워하셨으며(창 1:31), (3) 이 날을 백성을 위한 안식의 날로 거룩하게 구별하셨습니다.

제11문 하나님은 왜 만물을 창조하셨습니까?

답 하나님의 모든 완전성, 특히 그분의 지혜(시 104:24), 권능(롬 1:20), 선하심(시 104:24)을 영화롭게 하기 위해서입니다. 또한 모든 피조물에게 자신의 완전성을 알리고 영광을 받으시기 위함입니다(시 150:6).

제12문 창조 교리를 어떻게 사용해야 합니까?

답   우리는 하나님이 하신 일에 관심을 기울여야 하
       며(시 28:5; 시 107:23), 그리스도 안에서 하나님의 형
       상이 재창조되기를 추구하고(엡 4:24), 이 땅에서와
       영원 안에서 다른 창조된 사람들과 함께 하나님
       을 찬양해야 합니다(시 102:19).

9장
하나님의 섭리에 관하여

제1문 하나님의 섭리란 무엇입니까?

답 이것은 자연에 대한 삼위 하나님의 사역 중 두 번째 부분으로서(느 9:6), 특히 성부에게 속한 사역이며(요 5:17), 계속되는 창조를 포함합니다. 섭리 안에서 하나님은 자신에게 영광이 되도록(롬 11:36), 이성과 거룩한 말씀에 따라(창 22:14) 모든 피조물을 유지하고 빚고 다스리십니다.

제2문 하나님은 모든 피조물을 유지하십니까?

답 하나님은 모든 피조물을 그 존재^{being}와 종류^{kind}에

따라, 직접적 또는 간접적으로, 집합적 또는 개별적으로 유지하십니다(사 40:26; 시 36:7).

제3문 협력이란 무엇입니까?

답   협력이란 하나님이 피조물의 모든 움직임 내지 활동 속에 그분의 협력적 영향력을 행사하셔서, 각각의 피조물의 특징과 본질을 보존하시는 하나님의 전능한 권능을 말합니다(행 17:28; 빌 2:13).

제4문 하나님은 모든 피조물을 다스리십니까?

답   하나님은 자신의 영광과 택자의 구원을 위해(시 93:1; 잠 16:4; 롬 11:36), 보통의 방식 또는 특별한 방식으로, 간접 또는 직접적 방식으로 만물을 다스리십니다(느 9:6).

제5문 하나님의 섭리는 어디까지 미칩니까?

답   하나님은 모든 것을 다스리십니다(시 103:19). 특히 큰 자(시 46:10), 작은 자(마 10:29), 필요한 것들(시

74:16), 확률(잠 16:33), 사람의 의지(잠 16:1; 시 139:2-5),
삶과 죽음까지(욥 14:6) 다스리십니다.

제6문 섭리는 선한 것들 및 악한 것들에 전부 미칩니까?

답 그렇습니다. 섭리는 선한 것을 발동시키며(약
1:17), 악한 것을 허락하고(창 20:6) 제한하며(욥 1:12)
하나님의 목적을 섬기게 합니다(창 50:20). 이에는
악을 벌하는 것도 포함됩니다(사 45:6; 애 3:38, 암 3:6).

제7문 제6문과 관련하여 주의할 오류는 무엇입니까?

답 (1) 하나님은 결코 죄의 원인이 아닙니다(신 32:4; 욥
34:16[1]). (2) 하나님은 죄의 단순한 관찰자도 아닙
니다. (3) 사람은 섭리를 벗어나 독립적으로 존재
하지 않습니다(행 17:28).

제8문 하나님의 섭리는 무엇에 가장 관심이 있습니까?

---

1. 아마도 욥기 34:12을 말하는 것으로 보인다.

답   그분의 교회, 구체적으로는 각 신자들에게 가장
      관심이 있습니다. 특히 은혜의 행로를 걷고 있는
      그들의 매일의 걸음과 그들의 성화에 관심을 집
      중합니다(시 33:18; 시 146:8-9).

제9문   섭리에 대한 가르침은 어떤 면에서 유용합니까?

답   사람으로 하여금 영적, 육적 번영에 감사하고, 역
      경 중에 인내하며(욥 1:21), 순종하는 태도로 은혜
      의 수단을 성실하게 사용하게 하며, 믿음 안에서
      하나님께 복종하게 합니다(시 10:14).

10장
섬김과 하나님의 율법에 관하여

제1문 **하나님을 섬긴다는 것은 무엇을 의미합니까?**

답 하나님을 섬기는 것은 그리스도 안에서 순종하는
마음과 신뢰하는 마음으로 하나님의 율법이 명
하는 순종을 하나님께 바치는 것입니다(마 4:10; 갈
6:16).

제2문 **어떤 피조물 안에서 하나님에 대한 섬김이 실제로
일어납니까?**

답 겉으로만 섬기는 것이 아니라 내적인 자원함으로
(사 29:13; 대상 28:9) 하나님을 섬기는 이성적 피조물

안에서 하나님에 대한 섬김이 일어납니다. 또한 형벌에 대한 두려움이나 상에 대한 열망만이 아닌(딛 1:2; 히 11:26) 그분의 가치를 알아보고 경건하고 합당하게 섬기는 이성적 피조물 안에서 하나님에 대한 섬김이 일어납니다.

제3문   이런 이성적인 섬김은 누구에게 드려져야 합니까?

답   우상(고전 8:4-5)이나 천사(계 19:10)나 거룩한 사람에게(행 10:26) 드려지면 안 되며, 오직 삼위 하나님께 드려져야 합니다(요 5:23; 요일 2:23).

제4문   하나님을 섬기기 위한 지침은 어디에서 찾을 수 있습니까?

답   사람의 전통(마 15:3), 사람이 고안한 것, 사람이 추측한 것, 자의적 숭배에서는(골 2:23) 찾을 수 없습니다. 오직 하나님의 말씀과 그분의 율법 안에서 찾을 수 있습니다(갈 6:16; 사 8:20).

제5문   **율법이란 무엇입니까?**

답   율법이란 우리가 무엇을 해야 하며 무엇을 하지
말아야 하는지에 대해 모든 것을 지시하는 규범
입니다. 이것은 형벌의 위협과 구원의 약속을 포
함하고 있습니다(신 27:26; 마 19:17; 레 18:5).

제6문   **얼마나 많은 율법이 있습니까?**

답   구약 성경에 의식법과 시민법이 있다고 정당하게
말할 수 있지만, 율법을 주신 분도 하나요 폐해지
지 않는 도덕법도 하나입니다(약 4:12).

제7문   **도덕법의 전체 내용은 무엇입니까?**

답   도덕법 내지 영적인 법은(롬 7:14) 삼위 하나님과
이웃과 자기 자신에 대한 완전한 사랑을 요구하
며, 이 완전한 사랑은 다양한 차원dimensions과 정도
degrees에 있어[1] 인내함으로 자라는 사랑입니다(마

---

1. 네덜란드어 *deelen*과 *trappen*은 여기서 "차원"과 "정도"로 번역되었다. 이

22:37-40).

제8문   이 율법을 구체적으로 무엇이라고 부릅니까?

답   십계명이라고 부릅니다(신 4:13). 하나님은 이것을
        두 돌판에 친히 써서(신 5:6), 모세의 손을 거쳐, 시
        내 산에서(레 26:46), 두려운 표적들과 함께(출 19:16-
        18), 하나님의 아들을 통하여(행 7:38), 이스라엘 백
        성에게 주셨습니다(갈 3:19).

제9문   하나님의 율법이 말하는 바는 무엇입니까?

답   나는 너를 애굽 땅, 종 되었던 집에서 인도하여
        낸 네 하나님 여호와니라. 너는 나 외에는 다른
        신들을 네게 두지 말라(출 20:1-17).

말은 후속 종교개혁 문헌에서 사용되는 기술적인 용어이다. 후속 종교개혁
운동의 작가들은 성화를 부지런히 추구해야 할 삶의 차원들을 분명하게 구
분했으며, 영적 성숙함의 여러 수준, 단계, 정도를 분명히 구분했다. *Deelen*
과 *trappen*은 후속 종교개혁의 설교, 당회의 심문, 목회 심방, 경건 서적, 가
족 간 대화, 영혼의 성찰에서 자주 등장하는 개념이었다.

제10문   이 율법은 현재 부패한 상태에 있는 우리에게 어
        떤 유익을 줍니까?

답   이 율법을 지킴으로써 의를 획득해 내는 데 그 유
        익이 있지 않으며(롬 3:20), 율법을 통해 자신의 비
        참함을 깨닫고(롬 3:19) 그리스도께 달려가는(롬 8:3-
        4) 데 그 유익이 있습니다. 또한, 구속받은 백성들
        은 이것을 감사의 규칙으로 사용합니다(갈 6:16).

11장
행위 언약에 관하여

제1문   **언약의 일반적인 구성요소는 무엇입니까?**

답   (1) 언약에 참여하는 양 당사자, (2) 합의, (3) 하나
님 측으로부터의 요구사항(시 25:8)과 화평(창 17:7)
의 제공, (4) 사람 측으로부터의 받아들임과 역제
안(시 27:8; 사 1:18), (5) 언약의 성립(과거에는 특정 예식과
함께 행해짐. 창 15:10; 렘 34:18-20).

제2문   **행위 언약이란 무엇입니까?**

답   이것은 하나님과 의로운 사람 간의 계약으로서,
이 계약 안에서 하나님은 그분의 율법을 완전히

지켜야 한다는 조항을 두셨고, 생명을 약속하고
사망을 경고하셨습니다. 사람이 그 조항이 요구
하는 바를 충족시켰다면 영생을 누렸을 것입니다
(호 6:7; 욥 31:33).

제3문 **행위 언약 안에서 하나님은 무엇을 하십니까?**

답 하나님은 마음에 새겨진 사랑의 율법에 대한 완
벽한 순종을 요구하십니다. 이 사랑은 다양한 차
원과 정도에 있어 인내함으로 자라는 것입니다.
하나님은 일시적인 생명이 아닌 영원한 생명을
약속하십니다(레 18:3). 이 약속은 낙원에 있었던
성례전적인 생명 나무와 죽음의 경고에 의해 확
인되었습니다(창 3:22).

제4문 **하나님은 다른 명령을 덧붙이셨습니까?**

답 그렇습니다. 선악을 알게 하는 나무의 열매를 먹
지 말라는 명령을 내리셨으며, 이것은 일종의 시
험이었습니다(창 2:17).

제5문   완전한 사람은 이 언약 체결시 어떤 기여를 했습니까?

답   그는 완전한 순전함과 하나님에 대한 의존 가운데 언약의 조항과 약속을 받아들였습니다(창 3:2-3).

제6문   사람은 언약의 요구를 충족할 수 있는 능력이 있었습니까?

답   네, 참으로 그러했습니다. 하나님의 형상으로 창조된 사람은(창 1:13; 전 7:29) 완전히 선했고 완벽하게 올바른 상태였습니다.

제7문   하나님의 형상은 어느 곳에 존재했습니까?

답   선악이 대립하는 자연 상태 안에, 도덕적 선 안에, 다른 피조물에 대한 지배권 안에 존재하였을 뿐 아니라, 완벽한 지혜와 의로움과 거룩함 안에 존재했습니다. 사람 안에 있는 하나님의 형상은 사람으로 하여금 하나님의 모든 탁월함과 그의 모든 행사와 그의 모든 길을 즐거워하는 가운데 삼

위 하나님을 알고, 사랑하며, 섬길 수 있게 했습
니다(엡 4:24; 골 3:10).

제8문　**인간이 하나님의 형상을 지닌 결과는 무엇이었습
니까?**

답　　인간은 모든 피조물을 지배하는 통치권을 가졌습
니다. 그는 경건함과 의로움 가운데 이 통치권을
행사해야 했습니다(창 1:26). 또한, 인간은 몸과 영
혼이 죽지 않는 불멸성을 가졌었습니다(창 2:17).

제9문　**이 언약으로부터 배우는 것은 무엇입니까?**

답　　⑴ 원상의 상태에서의 첫 사람의 행복, ⑵ 불변하
는 또다른 언약 안에서 사는 신자의 특권, ⑶ 비
참한 죄인은 행위 언약 안에서 구원을 찾아서는
안 되며, 은혜 언약 안에서 그리스도 안에서 구원
을 찾아야 한다는 사실.

12장
타락과 그 영향에 관하여

제1문   사람 안에서 얼마나 많은 상태가 관찰됩니까?

답   ⑴ 의의 상태, ⑵ 죄의 상태, ⑶ 그리스도 안에서 회복된 상태, ⑷ 영광의 상태.

제2문   사람은 의의 상태에 오래 머물러 있었습니까?

답   아닙니다. 사람은 행위 언약을 범했습니다. 그는 사랑의 율법을 범했고, 선악을 알게 하는 나무의 열매를 따먹음으로써 금방 타락했습니다(창 3:6).

제3문   누구의 유혹으로 이 일이 벌어진 것입니까?

답   마귀의 유혹 때문입니다. 그는 뱀의 몸 안에 숨었
       고(창 3:1; 계 20:2), 그의 교활함으로 하와를 미혹했
       습니다(고후 11:13; 딤전 2:14). 그 결과 하와는 남편에
       게 나무의 열매를 주었고 아담은 그것을 받아 먹
       었습니다(창 3:6).

제4문   이 죄의 특징은 무엇입니까?

답   하나님은 이에 대해 미리 아셨지만, 아담과 하와
       는 그들의 불순종 안에서 자유롭게 죄를 범했고
       (전 7:29), 모든 빛과 의무를 거슬렀습니다. 이 죄는
       배교와 반역과 파멸의 죄였습니다(롬 5:12-19).

제5문   아담과 하와가 범죄한 결과는 무엇입니까?

답   (1) 하나님의 형상을 상실하였고, (2) 자기들이 벗
       은 줄을 깨달았고, (3) 죄책을 진 양심으로 인해
       두려움을 느꼈고(창 3:8), 일시적 죽음(창 3:17-19), 영
       적 죽음(창 3:8), 영원한 죽음에 복종하게 되었습니
       다.

제6문 아담과 하와가 영원한 죽음을 죽었습니까?

답   우리는 그들이 여자의 복된 후손을 믿음으로 붙
들고, 마귀에 대한 하나님의 적개심을 공유하고,
하나님과의 화목과 하나님의 진노로부터의 구원
을 즐거워함으로써(창 3:20-21; 창 4:2), 하나님의 첫
복음 선포에 반응했다고 믿으며(창 3:15), 그러한
믿음에는 이유가 없지 아니합니다.

제7문 이 죄는 아담과 하와에게만 영향을 미쳤습니까?

답   그들은 그들 자신뿐 아니라 그들의 모든 후손까
지도 비참하고 곤고하게 만들었습니다. 아담의
죄책은 모든 사람에게 전해졌고(롬 5:12), 그의 부
패는 그들에게 상속되었습니다(창 5:3).

제8문 타락의 사실로부터 배울 수 있는 것은 무엇입니까?

답   (1) 비참의 기원을 알 수 있습니다. (2) 하나님은
의로우시기에 나는 스스로를 고발하고 낮추어야
한다는 것을 알 수 있습니다. (3) 나의 지극히 비

참함을 직시하고 둘째 아담이신 그리스도 안에서 구원을 추구해야 한다는 것을 알 수 있습니다(마 9:12; 호 5:15).

13장
모든 사람의 죄와 형벌에 관하여

제1문   **죄란 무엇입니까?**

답   죄는 그 극악무도함 때문에 여러 이름으로 불립
니다. 죄는 비록 실체적인 것은 아니지만 존재하
지 않는 것도 아닙니다. 죄는 하나님의 거룩한 율
법에 일치하지 않는 것입니다(요일 3:4). 인간은 죄
인이기 때문에 하나님의 율법에 영적으로 순종할
수 없습니다.

제2문   **얼마나 많은 종류의 죄가 있습니까?**

답   원죄, 행위 언약의 머리인 아담의 죄책으로부터

전가된 죄(롬 5:12), 아담의 부패한 형상을 상속받은 자들에게 달라붙어 있는 죄(창 3:5; 요 3:6; 욥 14:4; 시 51:7), 모든 종류의 치명적인 죄들.

제3문 이 원죄와 부패의 영향은 어디까지 미칩니까?

답 모든 사람에게 미칩니다(창 6:5; 요 3:6). 예수님의 어머니인 마리아도 예외가 아니었으며(눅 1:47), 오직 그리스도만이 예외입니다(롬 5:12). 원죄의 부패는 마음heart(렘 7:19), 지성mind(고전 2:14), 판단(욥 21:15), 의지(롬 8:7), 마음의 성향inclinations(벧후 2:10), 열정, 양심(고전 8:7), 몸의 모든 지체(롬 6:13)를 포함하여 전 인격에 영향을 미칩니다.

제4문 사람 안에 있는 부패가 사람을 어떻게 에워싸고 있습니까?

답 우리는 실제적인 영적 선을 행하는 데 전적으로 무능합니다(고후 3:5). 우리는 모든 악으로 기울어지며, 하나님(롬 1:30)과 이웃(딛 3:3)과 자기 자신을

(잠 8:36) 미워합니다. 우리는 죄의 종이며, 죄 외에
는 아무것도 할 수 없으며, 우리의 의지는 항상
죄를 향합니다(렘 13:23; 요 8:34; 벧후 12:19[1]).

제5문 이 원죄로부터 어떤 죄들이 나옵니까?

답 모든 종류의 치명적인 죄들이 나옵니다. 여기에
는 무엇을 행하지 않아서 짓는 죄와(마 25:42) 무엇
을 범해서 짓는 죄(약 4:17)가 있습니다. 후자는 생
각(마 15:21), 말(마 12:37), 행동(갈 5:19) 안에서 일어납
니다. 이 죄들에는 알지 못하고 짓는 죄(딤전 1:13),
고의로 짓는 죄(눅 12:47), 약함 가운데 짓는 죄(롬
7:8), 의도적으로 짓는 죄가(엡 4:19) 다 포함됩니다.

제6문 모든 죄가 사함을 받을 수 있습니까?

답 그 자체로는 불가능하지만, 오직 그리스도의 보
속과 중보의 터 위에서는 가능합니다(엡 1:7). 성령

---

1. 존재하지 않는 구절이다. 어떤 구절인지 불명확하다.

을 향해 범하는 끔찍한 죄는 예외인데(막 3:29), 이 죄는 사람이 성령의 일반적인 조명으로 복음의 진리를 인정했으면서도 사악함과 회개하지 않는 마음 가운데 그것을 조롱하고 거부하는 죄를 말합니다(마 12:31).

제7문 **죄의 결과는 무엇입니까?**

답   (1) 죄책, 이것을 전혀 느끼지 못하거나, 즉각적으로 느끼지 못할 수도 있습니다(롬 5:12). (2) 전 인격의 오염(사 64:6; 사 1:6), (3) 형벌, 이것은 사망이라고 불리기도 합니다(롬 6:23).

제8문 **형벌에는 어떤 종류가 있습니까?**

답   (1) 일시적 죽음(욥 14:1; 시 89:49), (2) 영적인 죽음(엡 2:3), (3) 영원한 죽음(엡 2:3).

제9문 **하나님은 죄를 영원히 벌하십니까?**

답   확실히 그렇습니다. 죄는 영원하며 지고하신 하나님을 거슬러 범한 것이기 때문입니다. 또한 지옥에 있는 죄인들은 거기서도 계속 죄를 짓기 때문입니다(막 9:44; 계 16:10-11).

제10문 사람의 비참함을 증가시키는 것은 무엇입니까?

답 자신의 힘이나 다른 이들의 도움으로는(시 49:8) 자신의 비참함에서 벗어날 수 없다는 사실입니다. 자신의 미덕, 행위, 고행으로도 비참함에서 벗어날 수 없습니다. 사실 사람은 자신이 얼마나 비참한지 알지도 못하며(계 3:17), 알기를 원하지도 않습니다(렘 44:16; 호 12:19[2]).

제11문 사람은 언제 진정으로 자신의 비참함을 깨닫습니까?

답 사람은 성령의 조명에 의해 자신의 죄를 감정적(시 38:5), 역동적(행 16:31), 체험적으로(시 51:5) 깨닫

---

2. 존재하지 않는 구절이다. 아마도 호세아 12:14을 의도한 것 같다.

게 됩니다.

제12문 **자신의 비참함에 대해 철저히 깨닫는 것이 어떤**
     유익을 가져다줍니까?

답   자기 신뢰에서 벗어나, 내가 참으로 필요로 하는
     분이자 나의 모든 필요를 충족시켜주는 보증이자
     중보자이신 분에게로 향하게 하며(마 9:12; 빌 3:5-8),
     성령에 의해 나의 비참함의 깊이에 대한 올바른
     감각을 갖게 합니다(요 16:8).

14장
만족과 하나님의 공의에 관하여

제1문   비참한 죄인이 구속될 가능성이 여전히 있나요?

답   구속은 우리 스스로나 다른 피조물로는 절대로 불가능합니다(시 49:8-9). 그러나 하나님의 공의가 온전히 만족된다는 조건 하에서 하나님으로는 가능합니다(렘 32:19; 사 5:16).

제2문   하나님의 공의가 반드시 만족되어야 합니까?

답   그렇습니다. 하나님은 죄인을 그냥 죄 없다고 하실 수 없습니다(출 34:7). 만약 그러실 수 있다면 하나님은 자기 아들을 아끼실 수 있었을 것입니다

(롬 8:32). 이런 공의는 그분의 거룩함(합 1:13), 의로움(롬 3:25), 참됨(겔 18:20)으로부터 흘러나옵니다.

제3문   **하나님의 공의는 어디에서 만족됩니까?**

답   하나님의 공의는 (1) 하나님의 율법에 대한 완전한 순종 안에서(마 22:37-39), (2) 죄에 대한 모든 형벌의 집행 안에서(신 27:26) 만족됩니다.

제4문   **이런 만족은 단지 구원의 가능성만 확보합니까?**

답   이런 만족 안에 모든 사람이 아닌 오직 택자를 위한(고후 5:19; 행 20:28) 참되고(사 53:4), 즉각적이며(사 53:11), 완전하며(히 7:25-27), 인격적인 화목(요일 2:2)이 존재합니다.

제5문   **천사나 사람이나 다른 피조물은 이런 만족을 이룰 수 없는 이유는 무엇입니까?**

답   그들 중에 누구 안에서도 화목과 구원을 이루는 위대한 구원 역사를 위한 필요 조건을 발견할 수 없기 때문입니다(시 49:8-9).

제6문　**죄인들의 구속을 위해 하나님의 공의를 만족시키려면 어떤 필요 조건을 갖추어야 합니까?**

답　(1) 순종하고 고난 받기 위해서 참 사람이어야 하며, (2) 다른 사람의 죄의 대가를 치르기 위해서 거룩한 사람이어야 하며, (3) 하나님의 진노를 짊어지고, 순종과 고난에 무한한 가치를 기여하기 위해서 참 하나님이어야 하며, (4) 사람으로서 하나님을 만족시키기 위해서 한 인격 안의 신인^{神人}이어야 합니다(히 7:26).

제7문　**홀로 이 조건들을 다 만족시키는 분은 누구십니까?**

답　하나님의 아들만이 이 조건들을 다 만족시키십니다. 그분은 (1) 참 사람이시며(히 2:14), (2) 거룩한 사람이시며(벧전 2:22), (3) 참 하나님이시며(롬 9:5), (4) 한 인격 안의 신인^{神人}이십니다(마 1:23).

제8문 그리스도의 만족 교리(보속 교리)에서 얻는 교훈은
      무엇입니까?

답   ⑴ 이 중요한 구속 사역을 성취할 수 없는 나의
      무능함과 모든 피조물의 무능함을 인정할 것과
      ⑵ 나는 하나님 앞에서 완전히 벌거벗은 채로 서
      기 때문에, 내 자신의 노력이 아닌 오직 그리스도
      의 만족(보속)에 근거하여 하나님과의 화목을 추
      구해야 할 것을 깨닫습니다(빌 3:5-8).

15장
은혜 언약에 관하여

제1문 하나님은 택자들, 곧 비참한 죄인들과 화목하기
위한 계획을 갖고 계십니까?

답 진실로 그렇습니다. 영원 전에 성부와 성자 간에
평화의 협의^{council of peace}를 맺으신 구속 언약(말 3:1)
이 존재합니다(슥 6:13).

제2문 평화의 협의란 무엇입니까?

답 성부께서는 성자께서 택자들의 의와 그분 자신
의 의를 만족시키신다는 조건 하에서 모든 택자
를 성자에게 유업으로 주기로 약속하셨습니다(시

2:8). 성자께서는 자발적으로 그 조건을 받아들여 (시 40:7-8) 기쁘게 수행하십니다(사 53:10).

제3문 처음부터 의로우신 성자께서 어떻게 택자들을 자신의 유업으로 받으십니까?

답 타락이 일어난 직후에 세워진(창 3:5¹¹) 은혜 언약을 통해(시 25:14) 그렇게 하십니다. 택함 받은 죄인은 믿음과 회개를 통해 이 언약에 참여합니다(막 1:15).

제4문 은혜 언약의 양 당사자는 누구입니까?

답 (1) 모든 충족함 가운데 계시며(욥 22:25), 기꺼이 베풀고자 하시는(시 84:11) 삼위 하나님, (2) 죄를 범하였고(롬 3:23), 저주받았으며(롬 3:19), 스스로를 구원할 힘이 없는(렘 30:21) 택자.

---

1. 아마도 창세기 3:15을 말하는 것으로 보인다.

제5문 은혜 언약의 약속과 요구는 무엇입니까?

답 하나님은 은혜 언약 안에서 이 땅과 영원을 위해
필요한 모든 유익을 약속하십니다. 하나님은 "나
는 그들의 하나님이 되"겠다고(렘 31:33) 약속하십
니다. 또한 하나님은 믿음과 회개를 요구하시며
(행 16:31; 겔 33:11), 그분이 믿음과 회개를 선물로 주
겠다고 약속하십니다(엡 2:8; 겔 36:27).

제6문 택함 받은 죄인은 언제 은혜 언약 안으로 들어갑
니까?

답 죄인은 완전히 빈궁할 때(시 102:18) 값없는 은혜를
구하며 오직 그리스도께로 피하며(잠 18:10), 그리
스도께 전적으로 굴복하는 가운데 그리스도 안에
서 하나님을 진심으로 섬기는 일에 자신을 묶습
니다(시 119:33).

제7문 모든 시대에 은혜 언약은 항상 동일합니까?

답 그런 것으로 보입니다. ⑴ 모든 신자는 그리스도

의 토대라는 동일한 토대 위에 세워지며(히 13:8), (2) 동일한 핵심 유익을 공유하며(행 15:11), (3) 동일한 고난을 겪으며, 동일한 참 생명의 길을 걸으며, 동일한 결과를 함께 누리기 때문입니다(히 2:10-11).

제8문 은혜 언약의 결과로서 주어지는 자유와 권리는 무엇입니까?

답 은혜 언약에 참여한 자에게는 그리스도 안에 있는 하나님의 언약의 약속된 유익을 요구하고 기대할 수 있는 자유와 권리(요 1:12; 벧전 3:21)가 주어집니다.

제9문 하나님은 어떻게 은혜 언약을 택함 받은 죄인들에게 알리십니까?

답 거룩한 복음을 통해 죄인들을 은혜 언약 안으로 자비롭게 이끄시며(호 2:13), 열렬히 초청하시며(겔 33:11), 그리스도 안에 있는 화목과 구원을(롬 14:17)

성령에 의해 값없이 제공하십니다(사 55:1).

제10문 은혜 언약의 특징은 무엇입니까?

답   (1) 은혜롭고, (2) 지혜롭고, (3) 거룩하며, (4) 놀라
우며, (5) 하나님 편에서나 사람 편에서나 불가변
적입니다(사 54:10).

제11문 은혜 언약은 언제나 같은 방식으로 경영됩니까?

답   하나님은 신구약의 각 시대별로 그분의 은혜를
다른 방식으로 드러내고(창 3:15), 지속하며(창 4:26,
18:19), 나누어주기를(히 8:6; 롬 14:17) 기뻐하셨습니
다.

**제12문 이러한 하나님의 다양한 경륜의 목적은 무엇입니
까?**

답   여러 세대의 교회에게 하나님의 지혜와 완전성을
드러내시고(엡 3:10), 믿음과 소망을 강하게 하시기
위함입니다(시 77:10; 롬 15:4).

제13문 은혜 언약으로부터 얻는 교훈은 무엇입니까?

답 비천한 피조물을 향한 하나님의 선하심을 찬양할 것을 교훈합니다. 또한 이 세상이나 죄와 맺은 언약을 파기하고 믿음과 회개를 통해 이 은혜 언약 안에 들어가게 도와주시길 모든 지정된 은혜의 수단을 사용하면서 하나님께 간청할 것을 교훈합니다(사 28:15; 시 50:5).

16장
언약의 중보자에 관하여

제1문   **은혜 언약의 중보자는 누구입니까?**

답   신적인 의논에 있어서뿐 아니라 실제 화해의 사역에 있어서도 중보자는 주 예수 그리스도이십니다(딤전 2:5; 요일 2:1-2).

제2문   **진실로 나사렛 예수는 오리라 약속된 메시아가 맞습니까?**

답   그분이 오시는 정확한 시기와 방식(창 49:10; 단 9:24-27), 태어날 장소(미 5:1), 그분의 인격(사 7:14), 그분이 하실 일(욜 2:26), 그분의 낮아지심, 그분의 높아지심(사 53:10-11)에 관한 모든 예언들로부터 분명히 그렇습니다. 메시아에 대한 모든 예언이 그분 안에서 성취되었습니다(눅 24:26).

제3문 **진실로 예수님은 택함 받은 죄인을 위한 보증이자 중보자가 맞습니까?**

답 확실히 그렇습니다. 이 사실은 그분이 대속물(마 20:28), 보증(히 7:22), 속량(갈 3:13), 제사장(요일 2:2), 중보자라고(딤전 2:5) 불리시는 것과 더불어 그분이 중보자로서 하신 행위들(사 53:10)을 보면 분명합니다.

제4문 **택자를 위한 보증으로서 그리스도께서 수행하시는 역할은 하나님 앞에 받으실 만한 것입니까?**

답 확실히 그렇습니다. 하나님의 은혜와 공의, 그리고 율법과 복음에 일치하기 때문입니다(롬 3:25, 롬 3:31, 롬 1:17; 고후 5:19).

제5문 그리스도는 누구를 위한 중보자이자 보증이십니까?

답 그리스도는 성부께서 그분에게 주신 모든 택자를 위한 중보자이자 보증이십니다(요 17:14, 10:14, 17:9). 그분은 천사나(히 2:16) 모든 사람(마 20:16)을 위한 중보자나 보증은 아니십니다.

제6문 이러한 중보자와 보증이 필요합니까?

답 어떤 천사나 사람도 하나님의 공의를 만족시킬 수 없기 때문에(시 49:8), 하나님과 죄인을 화목하게 하기 위해서 그리스도께서 중보자가 되셔야 합니다(사 63:3; 렘 30:21; 요 14:6).

제7문 그리스도는 두 본성 중 어느 본성 안에서 중보자가 되신 것입니까?

답 그리스도는 구원을 이루고 적용하기 위해서 그분의 두 본성(인성과 신성) 안에서 중보자가 되셨습니다(행 20:28; 사 45:21-25).

제8문   그분은 모든 택자에게 충분한 보증이 되십니까?

답   그분은 택자들의 유일하며(요 14:6), 충분한 보증이
       시기에(요 1:16) 모든 택자는 지혜와 의로움과 거룩
       함과 완전한 구속을 얻습니다(고전 1:30; 골 3:11).

제9문   이러한 중보자 안에 분깃을 소유하는 사람은 누구
       입니까?

답   믿음 안에서 그분에게 연합되고(엡 3:17), 그분이
       이룬 화목과 그분의 구원하는 덕목의 권능을 실
       제로 사용하고, 경험하며, 나타내는 사람입니다
       (빌 3:10).

17장

중보자이신 예수 그리스도의 이름에 관하여

제1문 중보자는 어떻게 알려져야 합니까?

답 중보자는 (1) 그분의 이름, (2) 그분의 본성, (3) 그분의 직분, (4) 그분의 상태, (5) 그분의 유익에 관해 문자적으로[1] 그리고 체험적으로 알려져야 합니다.

제2문 중보자에게 어떤 이름들이 주어졌습니까?

---

1. 여기를 비롯해서 몇몇 군데에서 "문자적"이라는 말이 사용된다. 이는 "성경에 대한 문자적 독해나 이해"를 의미한다.

답   다양한 관계에 따라 여러 이름들이 주어졌습니
다(사 9:5). 특히 예수 그리스도라는 이름이 주어졌
습니다(요 20:31).

제3문   예수라는 이름은 어떤 뜻을 갖습니까?

답   예수라는 이름이 그분에게 주어졌습니다(눅 1:31;
마 1:21; 눅 2:21). 이 이름은 이전에 예시적 그림자
로 몇몇 인물들에게 적용된 바 있는데, 본래 보
호자, 구원자, 구원의 수여자, 구주를 뜻합니다(마
1:21).

제4문   그분이 구주로 불리시는 이유는 무엇입니까?

답   자기 백성을 죄책과 형벌로부터 구원하셨기 때
문입니다. 그분은 자신의 덕스러운 삶을 통해 능
동적 순종과 수동적 순종 안에서 이 일을 단번에
완벽하게 행하셨으며(마 1:21; 사 53:5; 벧전 3:18), 그 후
구원을 완벽하게 적용하셨습니다.

제5문 **구원의 성취와 적용은 분리될 수 있는 것입니까?**

답 그럴 수 없습니다. 예수님이 구원을 성취하셨고,
또한 적용하십니다(요 10:11, 28). 구원의 적용은 우
리에게 달려 있지 않고, 저항할 수 없게 강력한 성
령의 사역에 달려 있습니다(사 53:11).

제6문 **하나님의 아들은 어떤 구주이십니까?**

답 하나님의 아들은 유일하시며(행 4:12), 충분하시며
(요 1:16), 기꺼이 구원하시며(요 6:37), 영원하시며(히
13:8), 완벽하신 구주입니다(히 7:25).

제7문 **각 사람은 예수님을 자신의 구주라고 믿어도 됩니
까?**[2]

---

2. 이것이 현대 독자들에게는 어색한 질문처럼 보이겠지만, 후속 종교개혁자들
의 작품 속에서는 두드러지고 중요한 질문이었다. 영적 자기점검과 참된 믿
음을 증명하는 객관적 종교 체험의 진위가 매우 강조되던 당시의 시대적 맥
락 안에서 이것은 아주 중요한 질문이었다. 심지어 신뢰받는 종교지도자의 시
험과 증명을 거치지 않고서는 자신을 신자라고 주장하는 것이 허락되지 않을
수도 있었다. 이런 현상은 구원의 확신 문제에 있어 일부 후속 종교개혁자들
의 영성의 아킬레스건이었다. 참된 믿음을 점검하는 것과 관련된 주제는 25

답　　　실제로 새롭게 함을 받고 심령 속에서 예수님의
　　　구원하는 능력을 체험하지 못한 사람은 예수님이
　　　자신을 구원하셨다고 주제넘게 생각해선 안 됩니
　　　다(고전 12:3).

제8문　왜 그분은 그리스도, 곧 기름부음을 받은 자로 불
　　　리십니까?

답　　　그분은 구약의 기름부음 받은 자의 참 실체이시
　　　며(출 30:30; 삼상 24:7), 영원 전에 성부로부터 택자를
　　　위한 중보자이자 보증으로 세워졌기 때문입니다.
　　　시간 안에서 그분은 구비되고, 부름 받고, 기름부
　　　음 받으셨습니다(잠 8:23; 시 45:8).

제9문　그리스도는 언제 그분의 인성 안에서 성령의 은사
　　　들로 말미암아 구비되셨습니까?

답　　　탄생하실 때(눅 2:40-52), 세례받으실 때(마 3:16; 눅

───────

장에서 길게 다루어진다.

4:1), 구속 사역을 다 이루신 이후에(행 2:33).

제10문   그리스도 안에 있는 신자들은 뭐라고 불립니까?

답   안디옥에서 그리스도의 이름을 따서 그리스도인
이라고 불렸습니다(행 11:26, 행 26:28; 벧전 4:16).

**제11문   신자들은 그리스도인이라는 이름 외에 뭐라고 불
립니까?**

답   제자(사 54:13), 백성(시 110:3), 종(딤후 2:3), 자녀(사
43:6), 그리스도의 신부(사 54:5), 그리스도의 형제(히
2:11), 그리스도의 지체(고후 12:12[3]) 등으로 불립니
다.

제12문   그렇다면 누가 그리스도인입니까?

답   단지 그리스도를 입으로 고백하는 데 그치는 자
가 아니라, 믿음을 통하여 그리스도와 연합한 자

---

3. 아마도 고린도전서 12:12을 말하는 것으로 보인다.

가(엡 3:17) 영적인 기름부음에 참여하는 자로서(요일 2:20), 머리이신 그리스도를 닮아 선지자, 제사장, 왕으로 기름부음을 받은 자입니다(마 10:41; 계 1:6).

18장
중보자의 본성에 관하여

제1문   그리스도는 참 하나님이십니까?

답   그리스도는, 영원하고(잠 8:4)[1] 실제적이며(시 2:7) 설명 불가능한 발생generation의 능력을 통하여(잠 8:24) 참 하나님이십니다(요일 5:20).

제2문   그렇다면 그분은 왜 하나님의 아들이라고 불리십니까?

답   태초에 그분이 첫 피조물로 창조되었기 때문이

---

1. 잠 8:24을 의도한 것으로 보임.

아닙니다. 또한 그분이 (1) 사랑받고, (2) 세상에 보내졌고, (3) 기적적으로 태어났고, (4) 성부에 의해 높임 받았기 때문도 아니며, 한 때 아버지와 본질상 하나였기 때문도 아니고, 중보자로서 섬기도록 임명되셨기 때문도 아닙니다. 그분이 하나님의 아들로 불리는 이유는, 그분이 설명 불가능한 출생을 통하여 발생되셨고, 성부와 동일한 신적 본질을 소유하시기 때문입니다(시 2:7; 요 5:26).

제3문   **그분은 참 사람이 되셨습니까?**

답   참으로 그러합니다. 그분은 참 사람의 본성을 하늘로부터 취하지 않으셨으며, 성령의 작용을 통해 그리고 동정녀 마리아의 몸에서 탄생하시는 것을 통해 참 사람의 본성을 취하셨습니다(눅 1:35; 히 2:14; 빌 2:6-7).

제4문   **그분이 참 사람이라는 것을 그밖에 어디에서 알 수 있습니까?**

답   (1) 예언을 따라(사 7:14) 특정 시간과(창 49:10) 특정
      장소에(미 5:1) 태어나신 것과 낮은 상태에 처하신
      (사 53:2-3) 것으로부터, (2) 마리아를 통해 태어나
      시고(눅 2:2-3), 참으로 영혼과(마 26:28) 몸을(벧전 2:24)
      지니신 것으로부터, (3) 죄와 무관한 모든 경험을
      하신 것에 더하여(마 4:2; 요 19:28; 요 4:35[2]) 참된 인성
      의 모든 요소들을 구비하신 것으로부터 알 수 있
      습니다.

제5문 예수님은 언제 사람이 되셨습니까?

답   예수님은 은혜 언약이 세워지자마자 즉각적으로
      (창 3:15) 사람이 되신 것이 아니라, 때가 찼을 때(갈
      4:4) 죄인을 구원하고(마 18:11) 잃어버린 자들을 다
      시 찾기 위하여(눅 19:10) 사람이 되셨습니다.

---

2. 아마도 요한복음 10:35-36을 말하는 것으로 보인다. 원문의 활자가 불명확
하다.

제6문 그분은 거룩하고 죄가 없으신 것을 제외하고 일반
       적인 방식으로 태어나셨습니까?

답   진실로 그러합니다(눅 2:7, 눅 1:35). 그분은 참된 구
       속자로서 죄를 제외한 모든 면에서 그분의 형제
       들과 같이 되기 위하여(히 4:15), 그리고 그분의 거
       룩함으로 우리의 죄악된 출생을 덮기 위하여 그
       렇게 하셨습니다(고후 5:21).

제7문 성자의 신성은 인성과 연합되었습니까?

답   성자의 신성과 인성은 ⑴ 분할되지 않으며, ⑵
       혼동되지 않으며, ⑶ 변하지 않으며, ⑷ 분리되
       지 않는 설명 불가능한 연합을 이루었습니다(딤전
       3:16).

제8문 이런 연합이 특이한 결과를 낳습니까?

답   그렇습니다. 이 연합은 ⑴ 탁월한 지혜, 거룩함,
       권능(사 11:2) 등 각양의 은사를 전해주며 ⑵ 두 본
       성의 특성이 한 인격 안에서 연합됩니다(요 3:13; 행

20:28).

제9문 이런 연합 때문에, 일부 신적 속성이 인성에도 공유되었습니까?

답   아닙니다. 그런 일은 ⑴ 신적 속성의 본질, ⑵ 인성과의 하나 됨의 원리에 위반하는 것입니다.

제10문 이런 연합의 결과로는 그밖에 어떤 것이 있습니까?

답   각 본성이 중보자의 사역에 있어서 자신의 몫에 기여했습니다(행 20:28).

제11문 그리스도는 두 본성에 따라 중보자가 되신 것입니까?

답   그렇습니다. 그분은 인성을 따라 반드시 순종하고 고난을 받아야 하며, 신성을 따라 중보 사역에 끝없는 가치를 부여하고, 힘겨운 고난을 받는 인성을 지원해야 합니다(요일 1:7; 사 63:3).

제12문 이런 연합은 무엇에 더 기여합니까?

답 그분의 전 인격에 영예와 섬김이 돌려집니다(요 14:1).

제13문 그리스도께서 인간이 되어 탄생하신 것으로 인해 유익을 누리는 사람은 누구입니까?

답 자신의 심령 안에 그리스도의 형상이 새겨진 사람으로서 그리스도께서 그분의 형상을 그 안에서 빚어가시는 사람만이 그리스도의 성육신의 유익을 누립니다(엡 3:17; 갈 4:19).

19장
중보자의 직분에 관하여

제1문 그리스도께서는 얼마나 많은 직분으로 기름부음을 받으셨습니까?

답 성경에 예언되고(신 18:18; 시 110:4; 시 45:11-12) 묘사된 것처럼(출 30:30; 삼상 27:7), 그리스도께서는 선지자와 대제사장과 왕으로(눅 24:19; 히 11:21; 요 18:37) 기름부음을 받으셨습니다. 이는 눈멀고, 죽어 있고, 죄책을 지고 있고, 거룩하지 않은 택자들을 구원하기 위함입니다(고전 1:30). 이 직분들은 섞이거나 분리되지 않습니다.

제2문 참 선지자로서 그리스도께서는 무슨 일을 하십니까?

답   (1) 여러 가지 장래의 일들을 예언하시고(눅 18:31; 마 24:25), (2) 은혜와 구원의 완전한 길을 계시하시고(요 1:18), (3) 서기관들이 왜곡시킨 도덕법을 정결하게 하는 일을 하시며(마 5:43), (4) 장차 도래할 실체들의 그림자인 율법을 성취하십니다(단 9:24).

제3문 그리스도께서는 자신의 신적인 가르침을 어떻게 확증하십니까?

답   (1) 영적인 기적들과 물리적인 기적들을 통해(마 8:1-3), (2) 그분의 거룩한 행실을 통해(벧전 2:22), (3) 그분의 죽음을 통해(딤전 6:3), (4) 그분의 부활을 통해.

제4문 예수님은 그분의 택자들을 어떻게 가르치십니까?

답   옛 언약과 새 언약 아래서, 예수님은 때로는 수단들을 사용하여 때로는 수단들을 사용하지 않고

택자들을 가르치십니다. 예수님은 외적으로는 그
분의 말씀을 통해, 내적으로는 그분의 영을 통해
택자들을 지속적으로 가르치심으로써 그들이 예
수님 안에서 진리를 경험적으로 알고, 예수님에
대한 신앙을 기꺼이 고백하고, 사랑을 열심히 실
천할 수 있게 하십니다(엡 4:21-24).

제5문   **예수님은 대제사장이기도 하십니까?**

답   예수님은 약속된 대제사장이시며(시 110:4), 그러한
분으로 묘사되고 예언되었습니다(사 53:5). 그분은
멜기세덱의 서열을 따라 세우심을 입었고, 멜기
세덱 위에 계시며, 멜기세덱 안에서 오십니다. 따
라서 그분은 유일하고 영원한 제사장이십니다(시
110:4).

제6문   **참된 대제사장으로서 예수님은 무엇을 하십니까?**

답   예수님은 자기 백성의 죄를 위해(히 10:12), 아버지
께(엡 5:2), 단번에(히 9:28), 자신의 영혼과(마 26:38; 사

53:10) 자신의 몸을(히 10:10) 희생제물로 바치셨습니다. 그분은 그 일을 완벽하게 수행하셨습니다(히 10:14). 이제 그분은 자기 백성을 위해 기도하시고, 대언하시며(요 17:1; 요일 2:1), 모든 참된 구원을 선포하심으로써 그들을 축복하십니다(행 3:26).

제7문   **그리스도는 또한 왕이십니까?**

답   그분은 하나님의 거룩한 산 시온을 다스리도록 기름부음을 받은 왕이십니다. 그분은 놀랍고(계 19:19), 영적이며(요 18:37), 능력이 많으며(시 24:7-8), 자비로운 왕이십니다.

제8문   **왕으로서 그분은 무엇을 하십니까?**

답   그분은 자신의 백성을 모으시며(요 10:16), 그들의 심령에 자신의 율법을 기록하시며(겔 36:27), 말씀과 성령으로 그들을 다스리시며(겔 36:27), 그들을 모든 외부의 적과 내부의 적으로부터 보호하시며(요 10:28-29), 그들에게 금생과 내생에서 하나님 왕국의 은택을 허락하십니다(롬 14:17).

제9문 그리스도와 그분의 백성에게 가장 큰 적은 누구입니까?

답 육신, 마귀, 세상, 모든 회심하지 않은 사람들(창 3:15; 눅 15:22; 갈 5:17). 이 모든 원수들은 하나님의 이름을 망령되이 일컫고, 조롱하고, 아첨하고, 위협함으로써 이기고자 합니다(마 4:3).

제10문 이 모든 적들은 하나님의 백성보다 강력하지 않나요?

답 왕이신 예수님은 그분의 거룩한 이유들로 인해 자기 백성이 범죄하는 것을 항상 막지는 않으시지만, 그분은 여전히 그들을 은혜로 강력하게 보존해주시며, 모든 대적들에 대한 영원한 승리를 주십니다(벧전 1:5; 마 16:18; 요 17:12).

제11문 우리는 이러한 직분들을 가지신 그리스도를 얼마

나 사용해야만 합니까?

답   영원히 눈멀고, 죽어 마땅한 무력한 사람들로서,
우리는 지혜와 의로움과 성화와 완전한 구원을
위해 끊임없이 그리스도를 추구하고, 온 마음으
로 그리스도를 붙들고, 그분을 사용해야만 합니
다(고전 1:30).

20장
예수님의 낮아지심(비하)에 관하여

제1문   우리가 식별할 수 있는 그리스도의 상태는 몇 가지가 있습니까?

답   두 가지 상태가 있습니다. 즉 (1) 낮아지심의 상태(비하)와 (2) 높아지심의 상태(승귀)가 있습니다. 이 두 상태는 구약의 인물들과 예표들로[1](레 16:2, 14:50) 미리 예언되었으며, 그리스도 안에서 성취

---

1. 스코팅후이스는 여기서와 다른 곳에서 특정한 구약의 인물, 사건, 예식, 제도가 그리스도 안에서 성취될 영적인 실체나 영적인 의미를 전달할 뿐만 아니라 성육신 이전에 실제로 그리스도의 사역이 현현한 것이라는 자신의 예표론에 호소하고 있다.

되었습니다(눅 24:26). 이 두 상태는 택한 백성을 위해 필요합니다(빌 2:7-9).

제2문 그리스도의 낮아지심에는 몇 가지 단계가 있습니까?

답 (1) 그분의 겸비한 탄생, (2) 일반적 고난과 특별한 고난을 포함한 그분의 모든 고난, (3) 그분의 죽음, (4) 무덤에 장사됨이라는 네 가지 단계가 있습니다.

제3문 그리스도의 낮아지심의 첫 번째 단계는 무엇입니까?

답 하나님의 아들이자 하나님과 동등한 분이(빌 2:6-7) 누추한 환경 속에서 동정녀의 몸에서 태어나신 기적적이면서 겸손한 예수님의 탄생(사 7:14, 사 53:2-3; 눅 2:7).

제4문 그리스도의 낮아지심의 두 번째 단계는 무엇입니까?

답　신인God-man이신 그리스도께서 이 땅에 사시는 한평생 동안, 그분의 전 인성 안에서, 영혼과(마 26:38) 육신 안에서(벧전 2:24), 그분의 존재가 감내할 수 있는 모든 한도와 차원 안에서(마 20:28) 고난을 받으신 것입니다. 즉, 그분은 할례 받으셨으며(눅 2:21), 피난하셨으며(마 2:13), 조롱과 비방과 학대와 채찍과 많은 슬픔의 고난을 받으셨습니다(시 22:7-8).

제5문　그리스도의 생애 마지막 고난은 무엇이었습니까?

답　겟세마네와(마 26:37-38) 십자가에서(마 27:45-46) 영혼의 고뇌를 겪으시고, 택자의 죄와(요 1:29) 흑암의 권세와(마 4:1) 하나님의 진노(시 22:2)의 무게를 겪으신 것입니다. 이 모든 고난은 "그분은 지옥에 내려가셨다"(시 18:5 참고)라는 표현 안에 포함되어 있습니다.

제6문 그리스도는 지옥이라고 불리는 저주받은 곳에 계
      셨던 것입니까?

답   아닙니다. 그런 일은 영혼을 지옥의 문으로부터
      구속하기 위해서나 그분의 승리를 보여주기 위해
      서 필요하지도 않고 가능하지도 않습니다. "그리
      스도께서 지옥에 내려가셨다"라는 표현은 단지
      그분이 택자가 영원히 받아야 할 지옥의 비통함
      과 괴로움을 몸소 경험하셨다는 것을 의미합니다
      (마 26:38; 27:45-46).

제7문 그리스도의 낮아지심의 세 번째 단계는 무엇입니
      까?

답   그분의 백성을 대속하기 위해(눅 23:4, 6; 고전 15:3),
      본디오 빌라도에게 재판받고, 십자가 위에서 끔
      찍하고, 수치스럽고, 고통스럽고, 저주받은 죽음
      을 죽으셨습니다. 이것은 그리스도께서 자발적으
      로 선택하여 영광스럽게 죽으신 것이며, 많은 예
      언과(시 22:15) 구약의 예표(인물과 사건)를 따르는 죽

음이었습니다.

제8문 그리스도의 낮아지심의 네 번째 단계는 무엇입니까?

답 아리마대 요셉과 니고데모에 의해, 사람을 장사한 일이 없는 새 무덤에 장사되신 것입니다(고전 15:4; 마 27:57-60).

제9문 그리스도께서는 왜 장사되셔야 했습니까?

답 (1) 그것이 예언되었기 때문이며(시 22:15; 고전 15:4), (2) 구약에서 인물과 사건으로 예표된 것을 성취하기 위해서이며(마 20:40²⁾), (3) 그분의 죽음에 대한 진리를 인치기 위해서이고, (4) 그분과 함께 죄를 장사하기 위해서이고(롬 6:4), (5) 신자의 무덤을 거룩하게 하기 위해서입니다(사 57:2).

---

2. 존재하지 않는 구절이다. 어떤 구절을 의도했는지 불명확하다.

제10문 그리스도께서 그분의 낮아지심으로 그분의 백성
        을 위해 성취하신 것은 무엇입니까?

답   그리스도께서는 낮아지심을 통해 모든 택자를
        위하여 성부를 온전히 만족시키셨으며(사 53:5; 롬
        3:25-26), 택자들이 죄와 죄책과 형벌로부터 자유
        롭게 될 수 있도록 그들의 자유를 확보하셨습니
        다(갈 3:13). 그분은 이를 통해 택자들의 구원을 지
        금 그리고 영원히 획득하셨습니다(요 10:15, 28).

제11문 모든 사람이 그리스도께서 고난받고 죽으신 것을
        자신을 위한 것이라고 믿어도 됩니까?

답   아닙니다. 그리스도의 고난과 죽음에 참여하여(빌
        3:10) 더 이상 자신을 위해 살지 않고 자신을 대신
        하여 죽었다가 다시 살아나신 이를 위하여 사는
        사람(고후 5:14-15)만이 그렇게 믿을 수 있습니다.

21장
예수님의 높아지심(승귀)에 관하여

제1문 그리스도께서는 어떻게 높아지셨습니까?

답 낮아지심이 단계별로 일어났듯이, 그리스도의 높아지심도 단계별로 네 단계로 이루어집니다. 예수님은 (1) 죽은 자 가운데서 부활하셨고, (2) 승천하셨으며, (3) 하나님의 우편에 앉으셨으며, (4) 장차 산 자와 죽은 자를 심판하기 위해 다시 오실 것입니다.

제2문 그리스도의 높아지심의 첫 단계는 무엇입니까?

답 그리스도께서는 장사된 지 사흘 만에 동일한 몸으로(요 2:19) 참으로(고전 15:5-7) 다시 살아나셨습니다. 이 날은 안식 후 첫날이었습니다. 그리스도께서는 성부의 능력과(엡 1:20) 자신의 능력에 의해(요 10:17) 썩지 아니할 몸, 영광스러운 몸, 승리의 몸으로 부활하셨습니다(롬 1:4).

제3문 **그리스도의 부활은 필요했습니까?**

답 확실히 그러합니다. 그리스도의 부활은 (1) 예언되었고(시 16:10-11; 시 110:7; 사 53:10), (2) 여러 예표들(레 16:6, 14:49-50)을 성취하며, (3) 그분의 백성을 위한 공적인 섬김이기 때문입니다(히 8:1-4).

제4문 **그리스도의 부활은 유익합니까?**

답 그리스도의 부활은 (1) 모든 택자들의 칭의(롬 4:25), 성화(롬 6:4), 영화(고전 15:12, 23)에 유익하며, (2) 그들의 모든 환란 중에 놀라운 위로의 근거가 됩니다.

제5문   그리스도의 높아지심의 두 번째 단계는 무엇입니까?

답   그리스도께서는 부활 후 사십 일째 되는 날에, 사람들이 눈으로 볼 수 있는 영광스러운 모습으로, 승리자로서, 하늘로 올라가셨습니다(요 16:28; 엡 1:20). 이것은 참으로 사실입니다(행 1:9). 그분은 사람들에게 말씀하시고 축복하시는 동안, 성부의 손에 의해(행 2:23), 그분 자신의 권세로(요 20:17), 하늘로 올라가 구름 속으로 사라지셨습니다.

제6문   예수님의 승천도 필요했습니까?

답   그렇습니다. 예수님의 승천은 성경에 예언되었으며(시 47:5), 이를 통해 많은 예표적 인물들과 사건들(창 5:24; 왕하 2:11; 레 16:3, 14:50)을 성취했습니다. 또한 예수님이 하늘에서 놀라운 직분들을 수행하기 위해서는(히 8:1-4) 영광스러운 승천이 필요합니다.

제7문   예수님의 승천은 유익합니까?

답	그분의 승천은 유익합니다. (1) 예수님은 하늘에
	서 택자들의 중보자가 되시고(히 8:2), (2) 이제 택
	자들은 그들의 보증이 되는 육체를 하늘에 가지
	고 있으며, (3) 예수님은 그곳으로부터 몸의 지체
	들에게 그분의 영을 보내시기 때문입니다(요 16:7-
	9).

제8문	**그리스도의 부활과 승천에 누가 동참합니까?**

답	위의 것을 찾으며(고전 3:1-2[1]), 그분과 함께 하늘에
	앉아 있으며(엡 2:6), 그리스도와 함께 일으키심을
	받은 자들입니다. 그들은 자신의 보물(마 6:21)과
	시민권(빌 3:20)을 하늘에 둔 자들입니다.

제9문	**그리스도의 높아지심의 세 번째 단계는 무엇입니
	까?**

답	예언과(시 110:1; 사 52:13) 예표를(레 16:3) 따라, 그리

---

1. 아마도 골로새서 3:1-2을 의도한 것 같다.

스도께서는 자기 백성의 유익을 위해(롬 8:34) 하나님의 우편에 앉아 계십니다(히 1:3; 엡 1:20).

제10문 그리스도께서 하나님의 우편에 앉아 계신다는 것은 무엇을 의미합니까?

답 그분이 인성 안에서 편재하신다거나 하나님의 은총을 누린다는 것을 의미하지 않으며, 왕으로서 아버지와 함께 그분의 교회를 다스리고 수호하고 보호하는(엡 1:20-23) 충만한 기쁨과(시 16:11) 최고의 권세와(마 28:19) 위엄을(시 110:1) 누리신다는 의미입니다.

제11문 그리스도의 높아지심의 네 번째 단계는 무엇입니까?

답 그리스도의 재림입니다. 그분은 마지막 날에(행 17:31), 영광 가운데 눈에 보이게(살전 4:16) 구름을 타고 오셔서(마 25:31), 모든 산 자와 죽은 자를 심판하실 것입니다(빌 3:20; 고후 5:10).

제12문   그리스도의 높아지심은 무엇을 가르쳐줍니까?

답   높아지신 그리스도를 거룩한 외경심으로 바라보며(아 3:1), 믿음으로 그분을 붙잡고 사용하고 영화롭게 할 것을 가르칩니다. 또한 삶을 변화시키는 그분의 은혜로 말미암아(빌 3:20), 그분이 장차 구름을 타고 돌아오시는 것을 두려움이 아닌 기쁜 마음으로 기대할 것을 가르칩니다.

22장
효과적인 부르심에 관하여

제1문 그리스도께서 그토록 심히 낮아지고 높아지신 이
       유는 무엇입니까?

답   순종과 고난으로 자기 백성의 구원을 획득하고(롬
       5:19; 사 53:3) 적용하기 위해서입니다(요 10:28).

제2문 그리스도께서는 무슨 유익을 자기 백성에게 주십
       니까?

답   금생과 내생에서 은혜 언약의 모든 복을 주십니
       다(시 84:12).

제3문 첫 번째 유익은 무엇으로 불립니까?

답   부르심이라고 불립니다(롬 8:30). 하나님은 택하신
     잃어버린 죄인들을(마 20:16) 외적으로는 그분의
     말씀으로(잠 9:3-6) 내적으로는 그분의 영의 사역
     으로(렘 31:33) 죄악된 세상과 사단을 섬기는 데서
     불러내어 그리스도 안에서 교제하게(벧전 2:9; 고전
     1:9) 하십니다.

제4문 하나님은 죄인을 어떻게 부르십니까?

답   하나님은 은혜의 수단을 통해 외적으로는 많은
     사람들을 부르시고(마 20:16), 내적으로는 오직 택
     자들을 성령을 통해 효과적으로 설득하고, 죄를
     자각하게 하고(요 16:8; 행 2:37), 빛을 비추어(고후 4:6)
     그들이 모든 자기 의존에서 벗어나(시 102:17) 하나
     님께로 나오도록 이끄십니다(골 1:13).

제5문 누가 부르십니까?

답   삼위 하나님(롬 11:29; 고전 1:9)이 부르십니다. 특히

그리스도의 종들이 그분의 명령과 은혜에 의거하여 흠 많은 죄인들을 하나님께로 부르는 것을 통해 사람들을 부르십니다(잠 9:3-6).

제6문 **하나님은 언제 택함 받은 죄인들을 부르십니까?**

답 은혜의 날에 부르십니다(겔 16:18). 어떤 이는 강력하게(행 2:27) 어떤 이는 부드럽게 부르시며(눅 19:5-9), 어떤 이는 이른 나이에 어떤 이는 늦은 나이에 부르십니다(마 20:1-6).

제7문 **내적인 부르심의 특징은 무엇입니까?**

답 외적인 부르심과 유사한 특징 외에도, 내적인 부르심은 은혜로우며(딤후 1:9), 강력하며(엡 1:19), 저항할 수 없으며(사 14:27), 불가변적인 특징을 갖습니다(롬 11:29).

제8문 **이런 부르심을 표현하기 위해 사용되는 다른 말로는 무엇이 있습니까?**

답   이 부르심을 표현하기 위해 창조(엡 2:10), 이끄심
      (요 6:44), 살아나게 함(요 5:25), 새 것이 됨(고후 5:17),
      중생(딛 3:6), 회심(마 9:13) 등의 단어가 사용됩니다.

제9문   참된 회심이란 무엇입니까?

답   참된 회심이란 택함 받은 죄인이 자신의 과거의
      반역을 슬픔(고후 7:10)과 겸비함(눅 18:13)과 수치심
      (스 9:6)과 역겨움(욥 42:6) 가운데 인정하고, 이제는
      완전히 변화된 마음으로 오직 하나님만을 섬기기
      위해 그리스도 안에서 하나님께로 돌아가는 것입
      니다(마 9:13).

제10문   회심을 미룰 수 있습니까?

답   회심은 절대적으로 필요하기에(눅 13:3), 그것을 미
      루는 것은 부끄럽고(행 17:28), 해로우며(눅 18:13), 위
      험한 일입니다(전 12:5). 마지막 순간에 회심하는
      일은 좀처럼 일어나지 않습니다(눅 23:40; 시 97:7; 사
      55:1).

제11문   이 진리가 가르쳐주는 것은 무엇입니까?

답   유효한 부르심과 마음을 변화시키는 회심을 경험
        하고 구원받을 때까지 하나님이 지정하신 은혜의
        수단을 부지런히 사용하면서 하나님께 간청해야
        함을 가르쳐줍니다(눅 13:3; 애 5:21).

23장
중생에 관하여

제1문 **중생이란 무엇입니까?**

답 중생이란 성령의 내적 역사에 의해(딛 3:5; 요일 3:14)
일어나는 전 인격의 전적인 변화입니다(고후 5:17).
사람은 이에 의해 사망에서 생명으로 옮겨집니
다.

제2문 **중생 전의 상태는 어떻습니까?**

답 마음은 어두워져 있고(고전 2:14), 판단은 그릇되
며(욥 21:15), 의지는 거룩하지 않으며(롬 8:7), 성향
inclination은 전적으로 더러우며(고후 2:10), 열정은 억

제되지 않으며(벧후 2:12), 몸의 지체는 불의의 무기입니다(롬 6:13).

제3문 이런 부패한 사람을 하나님은 중생을 통해 어떻게 바꾸십니까?

답 마음은 성령의 역사로 조명되며(고후 4:6), 판단은 선명해지며(시 75:25[1]), 의지는 죄에서 돌이켜 거룩하게 되고(행 9:6), 성향은 정결하게 되며(시 119:97), 열정은 제어되며(시 131:2), 몸의 모든 지체는 의의 무기가 됩니다(롬 6:13).

제4문 중생의 첫 번째 효과는 무엇입니까?

답 가장 중요하게는(딤전 1:15), 죄에 대한 분별력 있고, 민감하며, 능동적이며, 체험적인 지식이 주어집니다(딤전 1:15; 사 31:19[2]; 시 51:5). 진정으로 죄를 슬퍼

---

1. 존재하지 않는 구절이다. 의도한 구절이 불명확하다.
2. 존재하지 않는 구절이다. 의도한 구절이 불명확하다.

하며(고후 7:10), 복음에 따라 죄를 부끄러워하며(스 9:6), 죄를 혐오하며(겔 20:23), 악을 미워하며(잠 8:13), 죄를 자백하며(잠 28:13), 하나님과 하나님의 계명을 진정으로 사모하며(시 119:4), 영적인 형제들을 사랑하는 것이 동반됩니다.

제5문 **모든 변화가 합법적입니까?**

답 아닙니다. 진정한 회심이 있는 반면에 겉으로만 꾸며낸 변화, 외적으로 강요된 변화도 있습니다 (렘 3:10; 왕하 21:29; 시 78:34; 고후 5:17).

제6문 **중생의 특징은 무엇입니까?**

답 중생은 초자연적이며(요 3:5), 강력하며(엡 1:19), 체험적이며(사 42:16), 즉각적인 인격의 전적인 변화를 가져옵니다(고후 5:17). 이것은 모든 의도, 습관, 언어, 도덕, 유대관계를 망라하는 변화입니다(롬 12:2).

제7문　중생은 한 인격을 즉각적으로 완벽하게 만듭니까?

답　　중생의 변화가 전 인격에 영향을 주기는 하지만, 영혼과 육신의 부패는 남아 있어서, 성령과 육체 사이에 끊임없는 갈등이 벌어지게 됩니다(갈 5:17; 빌 3:12).

제8문　이런 변화가 중생이라는 명칭으로 불리는 이유는 무엇입니까?

답　　여러 측면에서 자연적 출생을 닮았기 때문입니다 (요 3:3-5).

제9문　중생은 절대적으로 필요합니까?

답　　그리스도께서는 사람이 거듭나지 아니하면 구원 받을 수 없다고 두 번에 걸쳐 확언하심으로써 중생의 절대적 필요성을 확증하셨습니다(요 3:3; 마 18:3).

제10문 중생의 교리에서 무엇을 배울 수 있습니까?

답 내가 정말 거듭나서 영생의 소망이 있는지(벧전
1:3) 알기 위해, 하나님의 말씀에 언급된 틀림없는
표지들이 내 안에 있는지(요일 5:1, 7) 나 자신을 부
지런히 살펴야 합니다(슥 2:1).

24장
구원 얻는 믿음에 관하여

제1문   이 중생으로부터 흘러나오는 것은 무엇입니까?

답   구원 얻는 참된 믿음입니다. 믿음을 통해 사람은
그리스도에게 연합하며, 그리스도께서는 믿는 자
의 마음속에 거하십니다(요일 5:1; 엡 3:17). 이에 대해
서는 하나님의 말씀에 여러 다른 방식들로 진술
되어 있습니다(요 3:12; 마 5:6; 11:28).

제2문   하나님의 말씀에 언급된 믿음의 종류들로는 어떤
것들이 있습니까?

답   성경에는 역사적 믿음(행 26:27), 죽은 믿음(약 2:26),

이적적 믿음(고전 13:1-2), 거짓 믿음(딤전 1:5), 일시적 믿음(마 13:20-21)이 언급되어 있습니다.

제3문   일시적 믿음은 구원 얻는 믿음과 어떻게 다릅니까?

답   다른 무엇보다도, (1) 진리를 인정하는 면에서, (2) 은혜의 약속을 적용하는 면에서, (3) 기쁨의 유무에서, (4) 열매의 유무에서 서로 다릅니다.

제4문   참된 믿음은 무엇으로 구성됩니까?

답   (1) 복음의 진리, 하나님, 자기 자신, 그리스도, 은혜의 방식(사 53:11)에 대한 문자적 지식과 체험적인 지식, (2) 따뜻한 마음으로 기꺼이 동의하는 것 (요 3:33), (3) 그리스도 안에서 하나님을 피난처로 삼아 신뢰하는 것(사 27:5; 잠 18:10; 시 2:12).

제5문   완전한 구원의 확신이 믿음의 본질적 요소입니까?

답   결코 그렇지 않습니다. 구원의 확신은 복된 열매
       이자 높은 수준의 믿음입니다(엡 1:13). 이것이 모
       든 신자 안에서 항상 발견되지는 않습니다(애 3:18;
       고후 4:13).

**제6문   그러면 구원 얻는 참된 믿음의 본질은 무엇입니
        까?**

답   예수님을 통해 하나님과 화목하게 되고 성화되고
       구원받기 위해(고전 30:1; 잠 18:10) 주 예수님을 신실
       하게 갈망하며(계 22:7), 주리고 목말라하며(마 5:6),
       영접하며(요 1:12), 그분께 굴복하는 것입니다.

**제7문   택함 받은 죄인은 언제 하나님을 진정으로 믿습니
        까?**

답   성령의 조명하심으로 말미암아 자신과 모든 피조
       물의 소망 없는 절망적 상태를 깨달을 때(눅 15:17),
       그리스도를 모든 필요를 충족하시는 분으로 바라
       보고 자발적으로 그분을 계속 바라보려고 할 때,

모든 자기 중심적 소망의 토대를 부인하면서(빌 3:7-8) 예수님만을 전적으로 받아들이고 영접할 때(요 1:12).

제8문 세 가지 직분을 갖고 계신 그리스도에 대한 믿음은 어떻게 신자를 유익하게 합니까?

답 신자가 자기 자신의 우둔함, 죽음에 이르게 하는 죄책, 철저한 무력함을 깨닫고 인정하면서 신실하게 진정으로 그리스도를 찾고 영접하여 지혜와 의로움과 거룩함을(고전 1:30; 마 11:28) 얻습니다.

제9문 무엇이 영혼으로 하여금 그리스도를 믿도록 강권합니까?

답 ⑴ 자신의 죄, 죄책으로 인한 위험, 자신의 무력한 현실(눅 15:17-18), ⑵ 은혜와 진리가 충만하시며(요 1:16), 모든 문제의 해결책이 되시며(고전 1:30), 기꺼이 은혜를 베풀기 원하시는(요 6:37) 그리스도에 대한 발견.

제10문   택자는 어떻게 이 믿음을 받습니까?

답   하나님은 성령으로(고후 4:13) 말씀의 사역을 통해
       (롬 10:17) 그분의 시간에 그분의 방식으로 택함 받
       은 죄인의(딛 1:1; 행 13:48) 마음속에(롬 10:9) 이 믿음
       을 일으키십니다.

**제11문   믿음에 관한 가르침으로부터 배울 수 있는 것은
         무엇입니까?**

답   믿음 안에 있는지 스스로를 부지런히 점검해야
       함을 배웁니다(고후 13:5). 여기에 천국과 지옥이 달
       려 있기 때문입니다(막 16:16; 요 3:36). 또한 은혜의
       수단을 사용하면서 믿음을 위해 기도해야 함을
       배웁니다(렘 6:16). 또한 내가 믿음을 소유하고 있
       다면, 이 선물로 인해 하나님께 감사해야 하며 거
       룩한 삶으로 하나님께 영광을 돌려야 함을 배웁
       니다(벧후 1:5-7).

25장
구원 얻는 믿음의 수준에 관하여

제1문 참된 믿음은 모든 사람에게 동일합니까?

답 수준에 있어서 차이가 있습니다(롬 12:3). (1) 작은 믿음(마 16:8; 눅 24:25), (2) 연약한 믿음(마 29:69[1]), (3) 살아 있는 믿음(벧전 1:1, 4), (4) 강한 믿음(롬 8:38)이 있습니다.

제2문 가장 약한 신자라도 그의 믿음 안에서 무엇을 발견할 수 있습니까?

---

1. 존재하지 않는 구절이다. 어느 구절을 의도했는지 불명확하다.

답 　　생기 있고 활기찬 믿음이 없는 가장 연약한 신자
　　　라도 최소한 다음의 것들을 소유하고 있습니다.
　　　⑴ 그리스도와의 연합(고후 13:5), ⑵ 그리스도와의
　　　교제를 진정으로 갈망함(아 5:6), ⑶ 모든 죄로부터
　　　자유로워지고 하나님을 향해 진정으로 살아 있길
　　　바라는 내적 열망(롬 7:19, 24), ⑷ 자신의 불신앙에
　　　대한 불만족(막 9:24; 눅 17:5), ⑸ 자기 의의 모든 근
　　　거를 부인함(사 64:6).

제3문 　하나님은 믿음이 약한 자를 어떻게 강하게 하십니
　　　까?

답 　　하나님은 믿음이 약한 자를 ⑴ 거룩한 복음에서
　　　약속하고 있는 은혜로운 약속을 통하여(롬 1:16-
　　　17), ⑵ 예수님의 중보를 통하여(눅 22:31-32), ⑶ 성
　　　령의 사역을 통하여(롬 8:14, 17), ⑷ 언약의 표를 통
　　　하여(롬 4:11) 강하게 하십니다.

제4문 　자신의 구원을 확신하는 것이 가능합니까?

답 성경에 근거하는 믿음의 표지들을(개혁파 교회는 이에 대해 가르치고 있음) 자기 안에서 발견하는 사람은 자신이 믿고 있으며 구원받을 것이라고 결론내려도 됩니다(딤후 2:7-8; 요일 3:1).

제5문 다른 사람이 신자인지 확실하게 아는 것이 가능합니까?

답 다른 사람의 은혜의 상태를 오류없이 판단하는 것은 가능하지도 않고, 그렇게 해서도 안 되겠지만 그럼에도 불구하고 하나님의 말씀에 의거하여 이웃의 열매로부터 이웃의 선함이나 악함을 결론내리는 것은 조건적으로 가능합니다.

제6문 어떤 사람이 신자라는 결론을 언제 내릴 수 있습니까?

답 그가 하나님의 말씀에 따라 참되게 고백하며, 자기 삶에서 영적인 것들을 체험하며, 하나님을 두려워하고, 이러한 것들을 증거할 때, 그 사람을 신자로 판단할 수 있습니다. 그가 이것을 체험한 다면 그는 진실로 신자입니다(행 7:37; 약 2:10).

제7문 **어떤 사람이 아직 회심하지 않았다는 결론을 언제 내릴 수 있습니까?**

답 거룩한 복음의 기초적인 진리에 전적으로 무지하거나(살후 1:8), 주의함 없이 죄를 기쁘게 섬기며 세상적인 삶을 살거나(갈 5:19-21), 그리스도와 하나님의 말씀을 떠나 거짓 전제들 위에 자신의 구원을 건설할 때(사 8:20; 요 3:26), 그가 회심하지 않았다고 결론내릴 수 있습니다.

제8문 **내 이웃을 거듭나지 않은 사람으로 판단하고 그렇게 말하는 것은 무자비한 일이 아닙니까?**

답 오히려 불순종하는 사람에게 그가 걷고 있는 길의 그릇됨을 알려주지 않고, 그에게 안전한 길을 알려주지 않는 것이야말로 무자비한 일입니다. 이웃을 측은히 여기는 마음으로 그에게 사실을 말해주는 것은 영원한 구원을 받을 기회를 제공하는 것이니, 그를 사랑한다는 최고의 증거가 될 것입니다(레 19:17; 렘 6:16; 유 22-23).

제9문 다른 사람에 대해서 전혀 판단하지 말아야 한다는 생각이 그토록 터무니없는 이유는 무엇입니까?

답 만약 그러한 생각이 맞다면, 하나님을 경외하는 자와 하나님을 거부하는 자를 구별하는 것(시 15:4), 하나님을 경외하는 자들과 함께 동행하는 것(시 119:63), 성도의 교제를 올바로 실천하는 것, 나의 하나님이 나의 영혼을 위해 하신 일을 하나님을 경외하는 자들에게 간증하는 것(시 66:16), 의인들을 위로하는 것은(사 40:1) 불가능할 것입니다.

제10문 신자가 되었지만 자신이 신자인 것을 모를 수도 있습니까?

답 어떤 사람이 신자가 되었지만 여러 가지 이상한 이유들로 인해 자신이 신자라는 사실을 감히 믿으려고 하지 않을 수 있습니다. 그러나 실상 그들은 그리스도와 누리는 믿음의 교제와(고전 1:30) 하나님의 백성과 누리는 마음과 삶의 교제를(렘 32:39) 경험하고 있는 참된 신자입니다.

제11문 이것은 당신에게 무엇을 가르쳐줍니까?

답 자기의 상상에 의지하지 말고, 하나님의 말씀의 틀림없는 표지들로 자신을 바르게 판단해야 할 것을 가르쳐줍니다. 하나님 앞에서 스스로를 점검한 후에는, 자기 자신을 알고, 회개하고, 믿음을 굳게 하고, 자신이 믿음 안에 있음을 확증하기 위해 신중하게 행할 것을 가르쳐줍니다(시 51:8; 습 2:1).

26장
칭의와 그 복된 열매들에 관하여

제1문   칭의라는 단어는 무엇을 의미합니까?

답   이는 이 땅의 법정에서 빌려온 단어로서, 정죄 받지 않고, 무죄하다고 선고받으며, 의롭다고 선언되는 것을 의미합니다(잠 17:15).

제2문   칭의와 성화는 서로 어떻게 다릅니까?

답   칭의는 죄책과 죄의 형벌로부터 단번에 완전히 해방되는 상태적 변화입니다. 성화는 단계적, 부분적으로 죄의 오염이 제거되는 속사람의 변화입니다. 이 둘은 서로 다르지만, 그 둘의 수혜자는 일치합니다(롬 8:33; 사 4:4; 고전 1:30).

제3문   **칭의를 선언하는 법정에는 누가 있습니까?**

답   (1) 거룩하고 전지하며 의로우신 재판자이신 성부 하나님(롬 8:33), (2) 본성적으로는 불경건하나(롬 4:5) 그럼에도 부르심을 입은(롬 8:30) 고발당한 택자, (3) 고발하는 자로서 하나님의 율법(요 5:45), 공의(롬 1:32), 마귀(계 12:10), 죄(롬 6:23), 양심(요일 3:20), (4) 세움 받은 중보자로서 예수 그리스도(요일 2:1).

제4문   **칭의의 법정에서 고발당한 죄인인 택자는 어떻게 행동합니까?**

답   고발사항을 인정하고(시 51:6), 고발자들 앞에서 잠잠하며(욥 9:2), 구원을 위해 보증이자 중보자이신 그리스도를 갈망하는 가운데 자신의 비참함을 바라보며, 그리스도의 능동적 순종과 수동적 순종을 믿음으로 받아들입니다. 이를 통해 그 사람 안에서 하나님의 의가 발견됩니다(빌 3:9; 고후 5:21; 렘

23:6).

제5문   그때 재판자이신 성부 하나님은 무슨 일을 하십니까?

답   성부 하나님은 이제 믿는 죄인을 그리스도의 완전한 의 안에서 보십니다. 그 믿는 자는 그리스도의 완전한 의를 믿음으로 붙들었으며, 그 의가 그에게 전가됩니다(렘 23:6; 골 2:10). 하나님은 은혜롭고, 공의롭고, 불가변적인 판결을 통해 그 사람을 죄책과 죄의 형벌로부터 풀어 놓아주시며, 그 사람을 영생의 상속자로 선언하십니다(단 9:24; 롬 5:1; 행 26:18).

제6문   믿는 죄인이 어떻게 의롭다 하심을 받습니까?

답   그의 믿음의 가치 때문이 아니며, 그의 완벽하지 않은 기독교적 순종 때문도 아니며, 오직 은혜로, 그리스도의 완전한 대속과 중보 때문에(롬 3:24-26), 오직 믿음만을 도구로(롬 5:1), 율법의 행위와는 무관하게(롬 3:28) 의롭다 하심을 받습니다.

제7문　우리의 선행은 하나님이 요구하시는 의가 될 수 있습니까? 아니면 적어도 부분적으로 기여할 수 있습니까?

답　아닙니다. 하나님의 심판대 앞에서의 의로움은 반드시 완벽한 의이어야 하며, 모든 부분과 단계에서 율법을 준수한 의로움이 있어야 하지만, 우리의 선행은 완벽하지 않으며 죄로 오염되어 있습니다(롬 3:20; 사 64:6).

제8문　그럼에도 우리의 선행 안에는 하나님이 상을 내리길 원하시는 어떤 미덕이 있는 것 아닙니까?

답　아닙니다. 우리의 선행은 공로가 되기 위한 조건을 만족시키지 못합니다. 그렇기 때문에 영생은 하나님의 은혜로 주어지는 자비로운 선물이며, 그리스도께서 그분의 사역으로 이를 확보하셨습니다(롬 4:4-5; 엡 2:8-9).

제9문   칭의가 행사되는 것을 어떻게 묘사할 수 있습니까?

답   하나님의 의의 법정과(사 43:25) 믿는 죄인의 양심에서(시 103:1-3) 무죄 선고가 내려지는 것으로 묘사할 수 있습니다. 믿는 죄인에게 하나님은 외적으로는 그분의 말씀과 언약의 인을 통해, 내적으로는 그분의 성령을 통해 은혜로운 무죄 선고를 알리십니다(롬 8:16; 시 35:3).

제10문   칭의의 복된 열매는 무엇입니까?

답   (1) 하나님의 양자가 됨(요 1:12), (2) 하나님과의 평화와 양심의 평화를 누림(롬 5:1; 빌 4:7), (3) 하나님을 향한 담대함(마 9:2), (4) 은혜로운 아버지를 향한 신뢰(시 112:6-7).

제11문   칭의의 유익에 참여하는 사람은 누구입니까?

답   어떠한 자기 의라도 물리치며, 죽어 마땅한 자신의 죄책을 자각하며, 스스로를 정죄하며, 오직 그

리스도를 믿는 믿음 안에서 자신의 의를 찾고 발

견하는 사람입니다(빌 3:7-8).

27장
성화와 선행에 관하여

제1문 하나님은 믿음으로 의롭다 하심을 받은 사람을 위해 무엇을 하십니까?

답 의롭다 하심을 받은 사람은 선행을 행하는 것 안에서 잔존하는 부패로부터 계속해서 성화되며(고후 7:1) 하나님의 형상을 따라 계속해서 새롭게 됩니다(롬 8:29).

제2문 성화란 무엇입니까?

답 사람의 전 인격이 지성과 마음과 행실에 있어서 내적으로 외적으로 처음에 한 번 새롭게 되는 것

뿐만 아니라(고후 5:17) 지속적으로 새롭게 되는 것입니다(롬 12:2; 살전 5:23). 다른 말로 하면, 옛 사람을 지속적으로 죽여 거기서 벗어나고, 새 사람을 새롭게 하는 것이라고 말할 수 있습니다(엡 4:23-24).

제3문 옛 사람을 지속적으로 죽여 거기서 벗어나는 것이란 무엇입니까?

답   그것은 죄에 대해 생생하게 자각하며(시 51:5), 하나님 앞에서 죄를 진심으로 슬퍼하며(고후 7:10), 죄를 부끄러워하며(스 9:6), 죄를 범한 자기 자신을 정죄하고 혐오하며(겔 20:43), 하나님에 대한 사랑이 동기가 되어(시 97:10) 죄를 고백하고 미워하고 피하는(시 32:5, 97:10) 것입니다.

제4문 새 사람을 새롭게 하는 것이란 무엇입니까?

답   내적으로는 성자 하나님의 형상을 닮기 원하는 갈망 내지 성향inclination을 갖고(롬 8:29), 외적으로는 사랑의 의무들을 활발하게 수행하는 것입니다

(마 22:37-40). 이것은 하나님을 경외하고(전 12:13; 렘
32:40) 섬기며(롬 12:2), 이웃(요일 4:21), 특히 주 안의
형제들을 사랑하며(요일 5:1), 자신을 사랑하는 것
입니다(벧전 1:22).

제5문　**이러한 성화를 가져오는 원인은 무엇입니까?**

답　성화의 발생적 원인은 삼위 하나님(요 17:7; 고전
1:30), 그중에서도 성령이십니다(고전 6:11). 그 도구
적 원인은 하나님의 말씀입니다(요 17:17). 그 모범
적 원인은 하나님(레 19:2)과 그리스도(벧전 2:22), 그
리고 다른 성도의 모범입니다(고전 11:1).

제6문　**성화의 결과와 열매는 무엇입니까?**

답　성화의 결과는 ⑴ 지성(엡 1:18), 판단(고전 2:15), 의
지, 애정affections(롬 12:1-2), 몸의 모든 지체(롬 6:13)가
전인적으로 성결하게 되는 것(엡 4:24; 고후 5:17)과
⑵ 선행에 진지하게 힘쓰는 것입니다(갈 5:22).

제7문   참된 선행의 표는 무엇입니까?

답   하나님을 참으로 기쁘시게 하는 선행은, 자신
        의 뜻을 이루거나 자신을 기쁘게 하기 위해 행하
        는 것이 아니라(마 15:9), 하나님의 율법을 좇아(시
        119:4-5; 사 8:20; 갈 6:16), 하나님의 영광을 위해(고전
        10:31), 믿음으로 그리스도와 연합하여 행하는 선
        행입니다(롬 14:23; 요 15:1-3).

제8문   성화는 필요합니까?

답   그렇습니다. 그러나 구원을 얻어 내기 위한 수단
        으로 필요한 것이 아니며(눅 17:10), 하나님이 그것
        을 원하시며(살전 4:4), 거룩함 없이는 하나님을 볼
        수 없기 때문에 필요합니다(히 12:14).

제9문   성화는 어떤 목적에 유익합니까?

답   (1) 하나님을 영화롭게 하고(요 15:8), (2) 이웃의 영
        혼을 얻고(벧전 3:1), (3) 우리의 부르심과 택하심을
        굳게 하는(벧후 1:10) 데 유익합니다.

제10문 이 땅에서 성화는 완전해집니까?

답 성도는 전가되고(골 2:10) 잃어버릴 수 없는 의로움을(사 38:1-2) 소유하며, 각자의 성장 단계에서 저마다의 성화가 일어나고 있지만(시 92:14; 요일 1:12-13), 이 땅에서 성화는 결코 완전하지 않습니다(빌 3:12; 잠 20:9; 요일 1:8; 롬 7:24).

제11문 이 땅에서 성화가 불완전하다면, 신자는 여전히 분투해야 합니까?

답 신자는 깨어 기도해야 하며(마 26:41), 영적 무기들을 가지고(엡 6:13) 마귀(엡 6:11)와 세상(요일 2:16)과 육신에(히 12:1; 롬 7:18) 대항하여 하나님의 능력으로 끊임없이 싸워야 합니다.

제12문 신자는 어떻게 성화에 있어 진전을 보일 수 있습니까?

답 영적 능력을 가로막는 모든 내적, 외적 장애물을 제거하고, 그리스도께 의존하는 가운데 성화 안

에서 자라기 위한 모든 수단을 사용할 때 신자는
성화 안에서 진전합니다(요 15:4-6).

28장
기도에 관하여

제1문 기도란 무엇입니까?

답 기도는 믿는 죄인의 영적인 활동인데, 믿는 죄인
은 경외함과 담대함을 가지고 기도하면서 자신의
모든 진지한 갈망이 그리스도 안에서 하나님으로
부터 응답받기를 기대합니다(빌 4:6, 요일 5:14).

제2문 어떤 유형의 기도가 존재합니까?

답 사도 바울은 간구와 기도와 도고와 감사에 대해
언급합니다(딤전 2:1).

제3문   우리는 누구에게 기도해야 합니까?

답   오직 삼위 하나님에게(계 19:10; 마 26:39; 히 1:6; 아 4:16),
        특히 성부에게(마 4:10), 중보자이자 보증이신 성자
        의 이름으로(단 9:17), 성령의 영향과 가르침과 역
        사하심을 통해(슥 12:10) 기도합니다.

제4문   우리는 기도 안에서 무엇을 구해야 합니까?

답   모든 종류의 물질적 필요와(빌 4:6) 영적인 필요(시
        27:4)를 위해 기도해야 합니다. 즉 하나님의 영광
        을 위해(마 5:16), 이웃의 교정을 위해(히 10:24), 두렵
        고 떨림으로 우리 구원을 이루기 위해(빌 2:13) 필
        요한 모든 것들을 구해야 합니다.

제5문   누가 기도해야 합니까?

답   불신자도 기도해도 되며, 기도해야 하지만(행
        8:22), 참된 간구자는 오직 하나님의 찬양받으시기
        에 합당한 위대하심과(시 104:1) 자기 자신의 연약
        함을(창 18:27) 깨달은 사람이며, 그리스도 안에서

자신의 모든 비참함을 가지고 하나님께 나아가는 사람입니다.

제6문   기도할 때 영혼은 어떤 자세를 취해야 합니까?

답   지식 안에서(고전 14:14-15), 신중하고 경외하는 마음으로(전 5:1), 겸손하게(창 18:27; 눅 18:13), 믿음으로(약 1:6), 예수님의 이름으로(요 16:24), 담대함을 가지고(요일 5:14), 영과 진리로(요 4:24) 기도해야 합니다.

제7문   기도할 때 몸의 자세는 어떠해야 합니까?

답   가장 높으신 하나님 앞에서 우리의 겸손을 표현하는 최고의 방식을 취해야 합니다. 이런 자세로는 서 있는 것(눅 18:13), 몸을 굽히는 것(시 95:6), 무릎을 꿇는 것(단 6:11), 엎드리는 것(마 29:39[1]) 등을 들 수 있습니다.

---

1. 존재하지 않는 구절이다. 아마도 마태복음 26:39을 의도한 것 같다.

제8문 **어디서 기도해야 하며 언제 기도해야 합니까?**

답 어디서든 기도해야 하며(딤전 2:8), 특별히 골방에
서 기도해야 합니다(마 6:6). 항상, 쉬지 않고 기도
해야 하며(살전 5:17), 특별한 때에 기도해야 합니다
(잠 18:1; 시 55:18; 시 119:62).

제9문 **하나님은 신자의 기도에 응답하십니까?**

답 하나님은 자신의 영광과 신자들의 유익을 위해,
그들의 영혼의 필요를 충족시키며 그들을 거룩하
게 하는(마 15:28; 눅 18:1-8) 때와 방법을 따라 기도에
응답하십니다(요일 5:14).

제10문 **자연인은 어떻게 기도합니까?**

답 자연인은 지각 없이, 영과 심령의 작용 없이(요
4:22) 기도합니다. 또한, 그들은 자신이 받지도 않
은 것들에 대해 하나님께 감사를 표하기도 합니
다.

제11문   가장 완벽한 기도는 무엇입니까?

답   그리스도께서 신자들을 위해 모든 기도의 모범
으로 규정하여 주신 주기도문입니다. 주기도문
은 이렇게 시작합니다. "하늘에 계신 우리 아버지
여"(마 6:9-13).

제12문   기도에 동반하는 합당한 의무들은 무엇입니까?

답   (1) 특별한 필요와 상황 속에서 경건한 금식을
하는 것(욜 2:15; 고전 7:5; 마 6:16), (2) 깨어 있는 것(마
26:38-41), (3) 가난한 특정인 또는 전반적인 가난한
사람들에게 구호품을 너그럽게 건내는 것(사 58:7;
마 22:40), (4) 경건하며 선한 서원을 행하는 것(시
66:13-14, 시 76:12).

**제13문   기도에 관한 여러 문답을 통해 무엇을 배웠습니
까?**

답   나 자신을 알기 위해, 죄를 깨닫기 위해, 회개하
기 위해, 더 큰 성화를 얻기 위해 기도는 필수적

이며(시 50:5), 탁월하며(창 18:27), 유익한 은혜의 수
단이기에(시 145:18-19) 우리는 기도를 바르게 사용
해야 합니다.

29장
인침에 관하여

제1문   **언약 참여자가 받는 인침이란 무엇입니까?**

답   인침이란 성령의 은혜의 사역으로서, 이를 통해
언약 참여자는 보호받고, 확증되며, 산 소망을 갖
고 은혜의 상태 안에 있음을 확신합니다(벧전 1:3-4).

제2문   **누가 인침을 받습니까?**

답   성부(요 17:15)와 성자(요 6:39)와 특히 성령(엡 4:30)께
서는 믿음으로써 언약에 참여하는 택자들을 인치
십니다.

제3문 　인침 안에 무엇이 포함되어 있습니까?

답 　하나님이 자기 백성의 믿음과 영적 생명을(빌 1:6) 자신의 권세와 말씀과 성령으로 마지막까지 (요 10:28; 요 14:14; 롬 11:29) 굳세게 보호하십니다(시 145:20).

제4문 　이런 보호하심은 무엇으로부터 말미암습니까?

답 　(1) 언약의 약속으로부터(사 54:10; 렘 32:29), (2) 영원하고 확실한 예정으로부터(마 24:24), (3) 그리스도의 공로로부터(롬 5:9), (4) 그리스도의 중보 기도로부터(눅 22:32), (5) 그리스도의 보호하심으로부터(요 10:27-28), (6) 성령의 인치심으로부터(엡 4:30) 말미암습니다.

제5문 　언약의 참여자가 은혜의 상태에서 떨어지는 것이 가능합니까?

답 　참된 신자도 넘어질 수 있으며 실제로 넘어지지만(시 37:24), 그들은 결코 은혜의 상태에서 떨어지지 않습니다. 그들은 전적이고 최종적인 배교를 결코 하지 않습니다(벧전 1:5).

제6문   인침은 구체적으로 어떻게 이루어집니까?

답   외적으로는 말씀과 언약의 인을 통해(사 40:1), 내 적으로는 성령을 통해(시 73:24; 롬 8:16-17) 하나님은 신자가 소유하는 은혜와 영광의 분깃을 인치고 확신을 주십니다(시 73:24; 롬 8:16-17)).

제7문   이러한 확신을 어떻게 구분할 수 있습니까?

답   말씀에서 비롯하는 믿음의 확증인 통상의 간접적 확신과(요일 2:5, 5:10), 하나님이 그분의 성령으로 신자의 마음속에 내적인 감화를 주셔서(시 35:3) 자신의 사랑을 나타내시는 비범한 직접적 확신으로 구분됩니다(요 14:21).

제8문   모든 신자가 이러한 확신을 소유합니까?

답   이 확신은 세상적인 사람에게는 전적으로 감추어져 있고 낯선 것이지만(요일 3:1; 계 2:17), 신자 안에서는 처음부터 발견되며, 계속해서 발견됩니다(시 25:14, 97:11, 126:5-6). 다만 모든 신자에게 항상 동일한 분량으로 발견되는 것은 아닙니다.

제9문   이러한 확신의 결과는 무엇입니까?

답   이러한 확신은 하나님의 확실한 약속들과 그분이 베푸시는 장래의 유익들에 대한 산 소망과 근거 있는 기대를 낳습니다(벧전 1:3; 롬 8:25; 유 21). 이것은 자연인의 헛된 죽은 소망과는 전혀 다른 것입니다(엡 2:12; 사 57:10).

제10문   불신자는 구원을 소망하면 안 됩니까?

답   하나님은 사랑하는 언약 참여자들에게 하나님 자신을 그들의 언약의 하나님으로 소망할 것을 명하십니다(시 130:7; 시131:3). 그러나 회심하지 않은 자에게는 참된 소망이 없습니다(엡 2:12). 그들은 먼저 자신에 대해 그리고 자신의 미덕에 대해 절망할 필요가 있으며(사 57:10), 구원을 소망하기 전에 소망의 참된 근거를 발견하고 경험할 필요가 있습니다(벧전 1:3; 히 11:1; 롬 5:4-5).

30장
성례 일반에 관하여

제1문 하나님은 언약 참여자들을 어떻게 인치십니까?

답 (1) 성령의 내적 사역과(엡 4:30), (2) 하나님의 말씀의 수단과(사 40:1), (3) 성례를 통해(롬 4:11) 인치십니다.

제2문 성례란 무엇입니까?

답 성례는 하나님이 제정하신(창 17:11; 출 12:3; 고전 11:23; 마 28:19) 거룩하며(마 7:6) 가견적인(행 8:36) 표sign와 인seal으로서(롬 4:11) 모든 참된 신자에게 그것이 나타내는 바, 그리스도와 그분의 모든 충만함(롬

4:11)을 표시하고 인치는 예식입니다.

제3문 **성례의 집례는 누가 할 수 있습니까?**

답 개인이 사적으로 집례할 수 없으며, 하나님과 회
중에 의해 적법하게 부름받은 목회자만이(고전 4:1;
마 28:19) 성례를 집례할 수 있습니다(롬 4:11).

제4문 **성례 자체가 은혜를 줍니까?**

답 아닙니다(행 8:37). 또한 성례의 구원하는 능력은
목회자나 그의 선한 의도에 달려 있지 않고, 다만
값없이 주시는 성령의 은혜와(마 3:11) 성례에 참여
하는 자의 믿음에 달려 있습니다(막 16:16).

제5문 **하나님은 성례를 무엇을 위해 제정하셨습니까?**

답 하나님은 (1) 참된 신자에게 은혜 언약의 유익을
표시하고 인치고, (2) 그의 믿음을 견고하게 하고,
(3) 하나님과의 언약을 확증하기 위해(롬 4:11) 성례
를 제정하셨습니다.

제6문　구약의 정규적인 성례는 무엇이었습니까?

답　　(1) 태어난 지 팔 일 만에 자녀에게 시행하는 할례가 구약의 정규 성례였습니다. 이것은 아브라함의 때에 처음으로 제정되었습니다(요 7:22; 창 17:10).
(2) 또한 모세의 때, 출애굽의 시기에 제정된 유월절이 있습니다(출 12:3-11).

제7문　모든 성례의 초점은 무엇입니까?

답　　성례를 받는 사람을 회중 안으로 연합시키며 믿음을 견고하게 하기 위한 성령의 은혜로운 사역과 그리스도가 성례의 초점입니다(고전 10:1-4; 신 30:6; 롬 6:4; 고전 11:23).

제8문　신약에는 얼마나 많은 성례가 있습니까?

답　　그리스도께서는 신약에서 두 가지 성례를 제정하셨습니다. 할례 대신 세례를(마 28:19), 유월절 대신 성찬을 제정하셨습니다(마 26:26). 그 이상의 성례는 불필요합니다.

제9문 **누가 성례에 참여할 자격이 있습니까?**

답   무지하며 부주의한 명목상의 그리스도인이나 위
      선자는 성례에 참여해선 안 됩니다. 그리스도의
      구원하시는 능력에 의해 성례의 표가 가리키는
      것들을 실제로 알고, 경험하며, 드러내는 사람만
      이 성례에 참여할 자격이 있습니다(롬 4:11).

31장
세례에 관하여

제1문   거룩한 세례란 무엇입니까?

답   사람들을 그리스도의 교회 안으로 가입시키는(고
        전 12:13) 신약의 거룩한 성례입니다. 과거에는 사
        람을 완전히 물에 잠기게 하는 방식으로 시행되
        었지만(행 8:36-38), 이제는 일반적으로 보통의 깨
        끗한 물을 세 번 뿌리는 방식으로 시행됩니다. 깨
        끗한 물은 예수님의 피를 통한 칭의(겔 36:25), 성령
        을 통한 성화를(롬 6:4) 표시하며 인칩니다.

제2문   세례는 언제 제정되었습니까?

답 (1) 세례 요한에게 세례를 베풀라는 명령이 주어
졌을 때(요 3:33[1]), (2) 그리스도의 제자들의 세례 주
는 사역 가운데(요 4:1-2), (3) 더 넓게는 그리스도의
부활 후에(마 28:19) 제정되었습니다.

제3문 **표로서의 물과 그것이 나타내는 실체 사이에 통일
성이나 유사성이 있습니까?**

답 그렇습니다. 물이 깨끗하게 하고, 정화하며, 새롭
게 하는 것처럼, 예수님의 피와 성령도 죄책과 더
러움으로부터 깨끗하게 하고, 정화하며, 새롭게
합니다(슥 13:1; 고전 6:11; 요일 1:7).

제4문 **세례는 오직 표입니까? 아니면 인이기도 합니까?**

답 하나님 편에서, 하나님은 세례 받는 신자를 인
치셔서 그분의 은혜를 보증하십니다(벧전 3:21; 막
16:16). 세례 받는 사람 편에서, 그는 믿음과 회개

---

1. 아마도 요한복음 1:33을 말하는 것으로 보인다.

로 언약의 하나님에 대한 순종과 신실함을 인칩니다(고전 12:13).

제5문 **세례를 집례할 수 있는 사람은 누구입니까?**

답 개인이 사사로이 집례할 수 없으며, 복음을 선포하며(고전 4:1; 마 28:19) 세례 예식의 일반적인 형태를 적절하게 사용하는(마 28:19) 적법하게 부름받은 목회자만이 세례를 집례할 수 있습니다.

제6문 **누구에게 세례를 베풀 수 있습니까?**

답 (1) 진리 안에서 자신의 죄를 인정하고, 고백하며(마 3:6), 그리스도를 믿는(행 8:36-38) 성인에게, (2) 적어도 부모 중 한 명이 신자인 아이에게(행 2:39, 고전 7:14) 세례를 베풀 수 있습니다.

제7문 **삼위 하나님의 이름으로 세례를 받는 것은 무엇을 의미합니까?**

답 세례를 받은 자가 세례를 받아 삼위 하나님을 알

고, 인정하고, 섬기고, 순종하고, 삼위 하나님과
교제하며, 그분을 영화롭게 하는 사람이 되는 것
을 의미합니다(롬 6:4).

제8문 **물 세례는 그 자체로 죄를 제거합니까?**

답   아닙니다(벧전 3:21). 죄 용서와 거듭남은 하나님의
은혜(눅 5:21)와 예수님의 피(요일 1:7), 그리고 성령
(고전 6:11)과 세례 받는 사람의 믿음에(행 8:37) 달려
있습니다.

제9문 **거룩한 세례는 필수적입니까?**

답   구원과 멸망이 거기에 달려 있다는 의미에서는
전혀 필수적이지 않지만(막 16:16; 눅 23:43), 하나님
이 명하셨다는 면에서는 필수적입니다. 따라서
세례를 경시하거나 등한시하면 안 됩니다.

제10문 **세례는 몇 번이나 받을 수 있습니까?**

답   세례는 거듭남과 교회의 일원이 되는 것을 인치

는 예식이므로(고전 12:13), 그리스도께서 제정하신 제도에 따라 한 번 세례를 받고 난 후에는 다시 반복하여 세례를 받아서는 안됩니다(엡 4:5).

제11문 거룩한 세례에 의해 누가 의무를 지게 됩니까?

답   (1) 세례를 베푸는 사람, (2) 부모, (3) 유아세례를 받는 유아의 부모, (4) 회중 전체, (5) 세례를 받는 사람은 하나님을 향한 책무를 적절하게 이행할 의무를 부담합니다.

제12문 세례에 대한 가르침으로부터 배우는 것은 무엇입니까?

답   (1) 세례의 의미를 실제 삶 속에서 경험하는지, (2) 언약의 삼위 하나님께 자신을 바치는지, (3) 세상과 죄를 섬기는 것을 포기하는지, (4) 하나님을 향해 신실한지 점검해야 함을 배웁니다.

32장
성찬에 관하여

제1문   **성찬이란 무엇입니까?**

답   떡을 떼는 것, 또는 주의 만찬이라고도 불리는 성
찬은 신약의 두 번째 성례입니다. 이를 통해 신자
는 영적인 자양분을 공급받고, 떡과 잔을 즐거워
하면서 그리스도와 누리는 교제와 그분이 가져다
주시는 모든 영적 유익을 확신합니다(고전 11:23).

제2문   **누가 성찬을 제정하였습니까?**

답   주 예수 그리스도께서(마 26:26) 배신당하시던 밤
에, 그분의 사랑과 신실함의 증거로 성찬을 제정

하셨습니다. 신자들의 모임에서는 그분을 기념하기 위해 성찬을 자주 사용해야 합니다(고전 11:25-26).

제3문 성찬의 외적인 표로는 무엇이 있습니까?

답 성찬의 외적인 가견적 표는 평범한 떡과 평범한 포도주입니다(고전 11:28).

제4문 성찬 예식의 핵심적인 세부사항으로는 어떤 것들이 있습니까?

답 적법한 목회자들만(고전 4:1) 성찬을 집례할 수 있습니다. 그들은 그리스도를 본받아 (1) 떡을 취하고, (2) 취한 떡을 축복하고, (3) 그것을 떼고, (4) 그것을 나누어 주어야 합니다. 그리고 그들은 (1) 잔을 취하고, (2) 그것을 축복하고, (3) 그것을 나누어 주어야 합니다. 이런 예식들은 모두 영적인 의미를 내포하고 있습니다(마 26:26-28).

제5문   성찬 참여자들이 준수해야 하는 예식들로는 무엇
        이 있습니까?

답   성찬에 참여할 자격을 가진 유일한 사람들인 참
        된 신자들은 그리스도의 제자들을 본받아 (1) 떡
        을 취하고, (2) 그것을 먹어야 합니다. 그리고 (1)
        잔을 취하고, (2) 그것을 마셔야 합니다. 그들은
        그렇게 함으로써 그 예식이 표시하는 바 그리
        스도에 대한 믿음의 영적 작용을 나타냅니다(마
        26:26).

제6문   성찬 안에서 표시되는 것은 무엇입니까?

답   성찬은 일반적으로 그리스도와 그분의 영적인 몸
        의 교제와 연합을 표시하며, 특히 십자가에 못 박
        히신 그리스도의 몸과 흘린 피를 표시합니다. 즉
        성찬은 그리스도께서 가져다주시는 모든 영적인
        혜택과 은혜를 표시합니다(고전 10:16; 히 10:5; 요 6:51).

제7문   표sign와 그것이 표시하는 실체 사이에 유사성이

있습니까?

답   그렇습니다. 떡과 포도주가 육신에 힘을 주고, 육
         신의 갈증을 풀어주고, 육신을 소생시키는 데 필
         수적이듯이, 그리스도의 몸과 피는 영혼을 영적
         으로 강하게 하고, 영혼의 갈증을 풀어주고, 영
         혼을 소생시키는 데 필수적입니다(마 5:6; 요 4:14; 시
         23:1; 눅 1:47).

제8문   왜 빵과 포도주를 사용합니까?

답   (1) 그리스도께서 그렇게 하라고 명하셨기 때문이
         며, (2) 신자가 그리스도의 모든 것, 특히 그분의
         수동적 순종과 능동적 순종을 공유하는 것을 나
         타내기 위해서입니다(고전 1:30).

제9문   성찬의 표는 또한 인이기도 합니까?

답   하나님은 언약 참여자들에게 (1) 그리스도의 희생
         제사가 그들을 위한 것이라는 확신을 주십니다.
         (2) 이 일은 그들이 영적인 방식으로 먹고 마시는

그리스도의 몸과 피를 통해 일어납니다. 한편 신자는 그리스도의 능력 안에서 언약의 하나님과 이웃에 관한 자신의 모든 의무를 다하겠다고 다시 한 번 확인합니다(시 119:106).

제10문 성찬이 제정된 목적은 무엇입니까?

답 (1) 믿음으로 그리스도의 죽음을 기념하기 위해서(고전 11:25), (2) 그분의 죽음을 선포하기 위해서(고전 11:16), (3) "나는 여호와께 속하였다"라고 자기 손으로 쓰게 하기 위해서(사 44:5-6), (4) 하나님의 구원을 기뻐하게 하기 위해서(시 31:11), (5) 성도의 교제를 행하기 위해서(고전 10:17).

제11문 성찬에 대한 가르침에서 오류를 범하는 사람은 누구입니까?

답 공재설consubstantiation이나 화체설transubstantiation을 통한 그리스도의 물질적 현현을 가르치는 사람들은 성례적 표현을 그릇되게 해석하는 오류를 범하고 있습니다(마 26:26).

제12문 **성찬은 누구를 위해 제정되었습니까?**

답 성찬은 회심하지 않은 자들을 위해 제정되지 않
고, 오직 참된 신자를 위해 제정되었습니다. 연약
하고 갈등하는 신자와 강한 신자 모두가 성찬의
대상입니다. 이들은 (1) 자신의 죄 때문에 자신을
미워하는 사람이고(시 51:19), (2) 오직 그리스도를
향한 진정한 갈망을 지닌 사람이며(마 5:6), (3) 어
느 정도는 그들의 선지자이자 대제사장이자 왕이
신 그리스도를 위한 체험적 삶을 살고 있는 사람
입니다(고전 1:30).

33장
성찬 참여에 적합한 자와 부적합한 자, 그리고 교회 권징에 관하여

제1문   성찬을 받으러 나오기 전에 무엇을 행해야 합니까?

답   그는 성령의 빛을 기도로 구하는 가운데, 모든 것을 감찰하시는 하나님의 눈앞에서, 하나님 말씀의 확실한 표지들을 좇아서 조용하고도 신중하게 그리고 기도하는 마음으로 자기 자신을 점검해야 합니다(슥 2:1; 시 139:23-24; 고전 11:28).

제2문   올바른 점검은 무엇으로 구성됩니까?

답   올바른 점검은 이웃과의 분쟁을 해결하는 것이나

(엡 4:26; 마 5:23), 성찬에 관한 묵상을 읽는 것을 포함하며, (1) 자신이 믿음 안에 있는지(고후 13:5), (2) 자신에게 하나님과의 언약을 새롭게 하고 싶은 갈망이 있는지(시 50:5), (3) 하나님 앞에서 거룩한 삶을 살고 싶은 갈망이 있는지(시 119:127) 진지하게 점검하는 것을 포함합니다.

제3문 **성찬에 참여하기에 합당하려면 무엇을 갖추어야 합니까?**

답 성찬에 참여하기에 합당한 자는 성찬 전과 성찬 도중과 성찬 후에 (1) 성찬의 본질에 대한 문자적 지식과 영적인 지식, (2) 그리스도를 위한 믿음의 역사, (3) 영혼의 올바른 태도를 갖추고 있어야 합니다.

제4문 **성찬에 참여하기에 합당하지 않은 자는 어떤 사람입니까?**

답 다음과 같은 사람입니다. (1) 무지한 사람, (2) 불신자, (3) 겉으로만 종교적인 사람, (4) 위선적인 사람, (5) 마음과 행실에 있어 그리스도와 관련하여 어떠한 체험적 행위도 드러내지 않는 사람, (5) 하나님의 백성과 연합되지 않은 사람(엡 3:17; 렘 32:39).

제5문 **그렇게 부적합한 사람이 성찬에 참여할 수 있습니까?**

답 그들은 성찬을 삼가야 합니다. 성찬 중에 자신을 향한 심판을 먹고 마실 것이기 때문입니다(고전 11:27). 그들은 자신의 현 상태에 만족하지 말고, 진리 안에서 하나님의 백성의 성찬에 참여할 수 있도록(시 106:4-5) 성찬 참여자에게 요구되는 것들을 갖추려고 추구해야 합니다.

제6문 **목회자가 성찬에 참여하라고 초청해도 되는 사람은 어떤 사람입니까?**

답 (1) 복음의 모든 필수 진리를 분별하는 지식을 가진 사람, (2) 예수님 안에 있는 진리를 마음과 입으로 고백하는 사람, (3) 그 고백을 자신의 행실로 확증하고 인치는 사람.

제7문   그렇다면 부적합한 사람에게는 성찬 참여가 허락되면 안 됩니까?

답   교리와 삶에서 그릇되어 성찬에 참여하기에 부적합한 사람은 말씀과 교회 권징의 열쇠에 의해 성찬 참여가 금지되어야 합니다. 마태복음 18:15-18에서 더 자세한 사항을 읽어보십시오.

제8문   성찬에서 제외된 사람의 성찬 참여를 계속해서 금지해야 합니까?

답   그들이 참으로 후회하고 회개한다는 것을(눅 15:15) 입으로 고백하고 삶으로 나타낼 때, 그들은 성찬에 받아들여질 수 있습니다(마 18:18).

제9문   이러한 교회 권징은 무엇을 위한 것입니까?

답   (1) 하나님의 영광, (2) 교회 안의 허물의 제거(고전 5:6-7), (3) 수찬 금지된 자의 개선, (4) 회중의 구원과 평화(고전 11:31).

34장
사람의 사후 상태에 관하여

제1문 하나님이 자신의 언약 백성에 대한 은혜의 사역을
마치실 때는 언제입니까?

답 하나님은 자신의 교훈으로 자기 백성을 거듭나게
하시며, 거룩하게 하시며, 보호하시며, 인도하신
후에(시 73:24), 결국 흠 없는 지복과 구원을 완전히
소유하는 상태로 옮기십니다(롬 8:30).

제2문 언약 백성을 영화롭게 하기 위해 언약의 하나님이
어떤 과정들을 사용하십니까?

답 먼저는 복되고 기쁜 죽음의 시간이 있으며(시

116:15), 다음으로는 마지막 날에 이루어질 몸의 영광스러운 부활이 있습니다(고전 15:42-44; 계 21:4-5).

제3문 사람은 영원히 살지 않나요?

답 모든 사람은 반드시 죽습니다(시 89:49; 히 7:27[1]). 자연 법칙이 이를 요구하기 때문이 아니라, 모든 사람이 죄를 범하였기 때문입니다(롬 6:23).

제4문 그리스도께서 신자를 위해 죽으셨는데도 신자가 여전히 죽습니까?

답 전능하신 언약의 하나님은 에녹과(창 5:24) 엘리야를(왕하 2:11) 죽음 없이 영화의 상태로 옮기셨지만, 그분의 거룩한 이유에 따라 자기 자녀들에게 형벌로서의 죽음이 아니라 죄에 대해 죽고 영원한 생명으로 들어가는 통로로서의 죽음을 경험하게

---

1. 히브리서 9:27을 말하는 것으로 보인다.

하십니다(욥 42:17).

제5문 사람에게 속한 모든 것이 죽습니까?

답 이성의 능력을 지닌 영혼은 불가분적이며, 영적이며(전 12:7), 불변하는(마 10:28) 실체이기에, 영혼은 죽지도 않고, 졸지도 않고, 몸이 죽어도 계속 존재하며, 살아서 활동합니다(눅 16:22; 계 14:13).

제6문 구약 시대 신자의 영혼을 위해 지옥의 문이 마련되어 있습니까?

답 그런 교리는 다음의 사항들과 반대됩니다. (1) 구약 신자들과 세운 하나님의 언약(마 22:32), (2) 그들의 간절한 소망(시 73:7), (3) 그들이 복된 영광으로 이끌림 받아 들어간 사실(히 2:10), (4) 하나님의 말씀의 전체적인 증언(계 14:13).

제7문 영혼은 먼저 연옥에 들어가 정화되어야 하는 것 아닙니까?

답   교황주의자들의 연옥 교리는 사람이 고안해 낸 교
        리에 불과하며 하나님의 말씀에서 비롯된 것이 아
        닙니다. 강도는 즉시 낙원에 들어갔으며(눅 23:43),
        나사로는 즉시 아브라함의 품으로, 부자는 즉시
        영원한 고통 가운데로 들어갔습니다(눅 16:22).

제8문   이러한 진리는 당신에게 무엇을 가르쳐줍니까?

답   (1) 오늘이라 일컫는 이 날에 무엇이 우리에게 평
        화를 가져다줄지 생각해야 하며, (2) 만날 만한 때
        에 하나님을 찾아야 하며, (3) 그리스도를 믿는 믿
        음을 통해 기쁨 속에서 죽음을 맞이하기 위해 내
        육신의 죽음이 닥치기 전에 내가 어떻게 죽어야
        할지 배워야 한다는 것을 교훈합니다.

35장
모든 사람의 부활에 관하여

제1문   하나님은 자신의 언약 참여자들을 언제 완전히 영화롭게 하십니까?

답   그들의 몸이 부활하고 영혼과 다시 연합할 때, 죄로부터 자유로워진 그들의 몸은 영원히 주와 함께 거할 것입니다(살전 4:16-18).

제2문   죽은 자들의 일반적인 부활이 장차 일어납니까?

답   다음의 사항들로부터 분명합니다. (1) 성경의 분명한 구절들로부터(단 12:2; 요 5:28-29), (2) 하나님의 선하시고, 공의로우시고, 진실하신 속성으로부터

(살후 1:6-7; 시 37:39), (3) 불경건한 자들의 두려움과 (잠 21:7) 신자의 복된 소망으로부터(빌 3:20).

제3문   불경건한 자들 역시 부활합니까?

답   불경건한 자들은 멸절되지 않고, 수치와 영원한 두려움을 받기 위해(단 12:2; 행 24:15), 그리고 하나님의 공의에 따라 몸과 영혼의 형벌을 받기 위해 (요 3:36) 부활할 것입니다.

제4문   모든 사람이 몸으로 부활합니까?

답   (1) 부활에 관해 말하는 모든 구절들이 그렇게 가르치며(요 5:29), (2) 하나님의 선하고 공의로우신 속성이 그렇게 증언하며(고후 5:10), (3) 하나님의 말씀이 몸의 부활을 분명하게 증언합니다(욥 19:25-27; 고전 15:53).

제5문   그렇지만 몸의 부활은 불가능해 보이지 않습니까?

답   인간이 상상하는 모든 어려움은 예수님의 말씀으로 제거됩니다. "너희가 성경도 하나님의 능력도 알지 못하는 고로 오해하였도다"(마 22:29-32 참조).

제6문 **부활할 때 몸의 속성은 변하지 않습니까?**

답 신자는 불멸하며(마 22:30), 썩지 아니하며(고전 15:42), 영광스러우며(고전 15:43), 강하며(고전 15:43), 신령한(고전 15:44) 몸으로 부활합니다. 회심하지 않은 자는 마땅히 받아야 할 형벌을 영원히 받기 위해 불멸의 몸으로 부활합니다(살후 2:8-9).

제7문 **누구의 능력으로 모든 죽은 자들이 부활합니까?**

답 일반적으로 말하자면, 그들은 하나님의 능력으로 부활합니다. 보다 구체적으로 말하자면, 그리스도께서 신자들의 머리와 중보자로서 큰 자와 작은 자를 부활시키십니다. 회심하지 않은 자들은 진노의 심판을 받기 위해 천사장들이 외치는 소리와 하나님의 나팔소리가 들리는 중에 부활합니다(마 12:29; 요 5:28; 살전 4:16-17).

제8문 죽은 자들의 부활은 어떤 순서로 일어납니까?

답   그리스도 안에서 죽은 자들이 먼저 부활하며(살전
        4:16), 그 다음으로 살아 있는 자들이 한 순간에 변
        화되며(살전 4:17), 마지막으로 모든 회심하지 않은
        자들과 불신자들이 부활합니다(행 24:15).

제9문 마지막 부활은 언제 일어납니까?

답   하나님은 우리를 깨어 있게 하려고 부활의 날과
        때를 분명하게 알리지 않으셨습니다(마 24:42). 이
        일은 마지막 날에(요 6:39) 일어날 것이며, 하나님
        은 그날에 그분의 뜻을 땅 위에서 온전히 성취하
        실 것입니다. 그때 모든 예언이 성취되며, 하나
        님은 택함 받은 교회 전체를 모으실 것입니다(롬
        11:25-26).

**제10문 마지막 부활이 당신에게 격려가 되는 이유는 무엇
        입니까?**

답   마지막 부활의 교리는 회심하지 않은 자에게는

두려움이 되며(단 12:2) 신자에게는 위로가 됩니다 (살전 4:16-18). 또한 이 교리는 하나님의 백성과 함께 그 영광스러운 날을 즐겁게 기다리기 위해 첫째 부활에(계 20:6) 참여하기를 추구하라고 가르칩니다.

36장
마지막 심판에 관하여

제1문 죽은 자들의 부활 이후에 어떤 일이 있습니까?

답 마지막 심판이 있습니다. 이것은 이 땅의 모든 심판과 같지 아니하며(욜 3:2), 죽음 이후에 모든 영혼이 받아야 하는 특별한 심판입니다(히 9:27).

제2문 마지막 심판은 정말 일어납니까?

답 다음의 사항을 보면 분명합니다. (1) 하나님의 분명한 말씀(전 11:9, 12:14; 고후 5:10), (2) 하나님의 거룩하신 성품(시 50:21), (3) 하나님의 공의로우신 성품(시 34:20; 욥 21:7-8), (4) 하나님의 진실하신 성품(겔

18:20), (5) 불경건한 자들의 두려움과 신자의 소망
(롬 2:15-16).

제3문   누가 심판합니까?

답   일반적으로 말하자면, 하나님이 심판하십니다(전
         12:14). 보다 구체적으로 말하자면, 신인이신 그리
         스도께서(행 17:31) 눈에 보이는 영광 중에(계 1:7) 구
         름을 타고(마 24:30) 하늘로부터(빌 3:20) 임하셔서,
         그분의 엄숙한 심판대에 좌정하여(고후 5:10) 심판
         하십니다.

**제4문   심판자이신 그리스도께서는 그분의 엄숙한 심판
         대에서 무엇을 하십니까?**

답   그리스도께서는 모든 죽은 자들을 부활시키시고,
         목자로서 그들을 양과 염소로 구분하여 오른편과
         왼편에 두시고(마 25:32), 그들을 공포 또는 위로에
         들어가게 판결하실 것입니다(고후 5:10).

제5문   누가 심판받습니까?

답   모든 범죄한 천사들과(벤후 2:4) 모든 사람이(행
10:42; 고후 5:10) 예외 없이 심판받습니다. 모든 경건
하지 않은 자들은 그들의 죄로 말미암아 멸망에
이르며(시 1:5), 모든 신자는 그들의 머리이신 그리
스도의 구원하는 공로로 인해 지복에 이릅니다(요
5:24).

제6문   그리스도는 심판자로서 무엇을 하십니까?

답   ⑴ 모든 사람을 소환하시며(마 24:31), ⑵ 모든 생각
과(롬 2:16) 말과(마 12:36) 행동을(전 12:14) 율법과(롬
2:12) 복음에(롬 2:16) 따라 살피시며, ⑶ 판결을 선
고하시며(마 25:31-41), ⑷ 판결을 집행하십니다(마
25:46).

제7문   이 심판은 언제 열립니까?

답   하나님은 우리가 깨어 기도하며 기다리게 하시려

고 심판의 날을 알려주지 않으셨습니다(막 13:13[1]).
하지만 다음의 징조들이 앞서 일어날 것입니다.
(1) 유대인과 이방인의 대규모 회심(롬 11:26-27), (2)
적그리스도의 완전한 몰락(계 18:2), (3) 그리스도의
왕국의 영광(마 24:14).

제8문 이 심판은 어디에서 열립니까?

답 이 심판은 여호사밧 골짜기에서 열리지 않고(욜
3:2), 아버지의 영광과 수많은 천사들이 함께하
는 중에(유 14), 눈에 보이는 영예와 영광 중에(살전
4:16-17), 하늘의 구름 안에서 열립니다(마 24:30).

제9문 이 심판은 어떠합니까?

답 이 심판은 공의로우며(행 17:31), 회심하지 않은 자
에게는 두려움이 되며(살후 1:7-9), 심판 이후에 그
리스도와 항상 함께 있게 될 모든 신자들에게는

---

1. 마가복음 13:33을 말하는 것으로 보인다.

위로가 됩니다(살후 4:18).

제10문 **이러한 마지막 심판은 무엇을 가르쳐줍니까?**

답 (1) 이 진리를 믿고, (2) 나의 심판자에게 지금 이 은혜의 날에 은혜를 간구하고(욥 9:25²¹), (3) 진정한 믿음과 회심을 통하여 나의 영혼의 안녕을 추구하여 택자들의 영원한 번영을 함께 누리라고 가르쳐줍니다(시 106:4-5).

---

2. 욥기 9:15을 말하는 것으로 보인다.

37장
영원한 멸망에 관하여

제1문   **마지막 심판에 뒤따르는 일은 무엇입니까?**

답   불신자에게는 영원한 멸망, 신자에게는 영원한
        지복을 선고한 판결을 집행하는 일이 뒤따릅니다
        (마 25:46).

제2문   **정죄를 받은 자들이 판결에 항소할 수 있습니까?**

답   그럴 수 없습니다. 가장 높은 심판자의 판결은
        공의롭고, 참되며, 공평하기 때문입니다. 심지어
        그들 자신의 양심도 그것을 확증할 것입니다(행

17:13$^{1)}$).

제3문   영원한 멸망은 무엇으로 구성됩니까?

답   영원한 멸망은 (1) 모든 선과 위로의 가장 고통스
          러운 부재(눅 16:25), 특히 가장 귀한 하나님과의 교
          제의 부재, (2) 감당할 수 없는 하나님의 진노를
          짊어짐(살후 1:8-9), 양심의 격통, 완전한 절망(롬 2:9;
          막 13:44$^{2)}$; 마 13:42)으로 구성됩니다.

**제4문   이 멸망은 전 인격의 멸절로 결국 끝나는 것 아닙
          니까?**

답   결코 아닙니다. 이것은 감각할 수 있는 형벌이 될
          것이며(막 9:44), 끝도 없을 것입니다(마 25:46). 그 이

---

1. 사도행전 17:31을 말하는 것으로 보인다.

2. 존재하지 않는 구절이다. 아마도 마가복음 9:44을 의도한 것 같다. 마가복
음 9:44은 오늘날의 성경 번역본에는 등장하지 않는다. 그러나 흠정역(King
James Version)과 같은 오래된 성경 번역본에는 등장한다. 이 구절은 저자
가 사용한 성경이자 1637년에 출판된 네덜란드 전체 주 혹은 의회에서 승인
한 화란어 성경인 스타턴퍼탈링(Stantenvertaling)에 포함되어 있다.

유는 그들이 가장 높고, 영원한 지존자를 거슬러 죄를 지었기 때문이며, 비참한 피조물은 지옥에서도 죄를 그치지 않을 것이기 때문입니다(계 16:10-11).

제5문   영원한 멸망에는 정도의 차이가 있습니까?

답   진실로 그렇습니다(마 11:22-44[3], 눅 12:27-48). 그러나 그중 가장 약한 고통을 당하는 사람의 고통도 견딜 수 없을 것이며, 괴로움이 조금이라도 줄어들지 않을 것입니다.

제6문   이러한 멸망은 끔찍할 정도로 무거운 것 아닙니까?

답   분명히 그렇습니다. 그들은 불도 꺼지지 않는(막 9:44) 완전히 어두운 곳에서 울며 이를 갈며(마 25:30), 복되신 하나님으로부터 거절되며, 마귀와

---

3. 존재하지 않는 구절이다. 아마도 마태복음 11:22-24을 의도한 것 같다.

정죄를 받은 자들과 함께하며, 영원히 가장 끔찍한 감옥에서(마 10:28, 31) 끝없이 고통을 받을 것입니다.

제7문 멸망하는 자들의 돌이킬 수 없는 지옥 정죄는 무엇을 가르쳐줍니까?

답 정죄를 받은 자로서 이 은혜와 구원의 날에 은혜의 보좌 앞에 간청하고(히 4:16), 믿음과 참된 회개로 그리스도를 붙들어 다가올 진노를 피할 것을(마 3:7) 교훈합니다.

제8문 하나님께 구속함을 받은 자의 의무는 무엇입니까?

답 하나님의 진노로부터 자유롭게 된 것에 대해 하나님의 한없는 은혜를 찬양해야 합니다(골 1:12-13). 또한, 아직 구속받지 못한 불쌍한 영혼들을 불쌍히 여겨 긍휼로 대해야 하며(유 22-23), 구속하신 어린양께 마음과 입과 행실로 찬양을 드려야 합니다(계 5:9).

38장
영원한 생명에 관하여

제1문   **신자는 마침내 무엇을 누립니까?**

답   완벽한 지복, 모든 악으로부터의 자유, 최고의 선

인 유업과 영광과 영생을 누립니다(벧전 4:4; 고전 2:9;

마 25:46).

제2문   **영생은 무엇으로 구성됩니까?**

답   (1) 삼위 하나님을 그분의 충만하심 안에서 아는

것(요일 3:2), (2) 그분을 사랑하는 것(요 17:21), (3) 그

분을 즐거워하는 것(창 15:1, 4), (4) 그 결과 얻어지

는 가장 순수한 기쁨을 경험하는 것(시 16:11).

제3문   신자의 몸도 이러한 지복에 참여합니까?

답   부활한 신자의 몸은 불멸하고 영화롭게 될 것입
        니다. 영화롭게 된 불멸의 몸은 영혼을 위한 유능
        하고도 완벽한 도구가 되어 완전함을 누리면서,
        온전히 복된 방식으로 영혼을 보조할 것입니다(시
        16:11).

제4문   지복의 정도에는 차이가 있습니까?

답   필시 그럴 것입니다. (1) 하나님의 말씀의 다양한
        구절들이 그렇게 증언하며(단 12:3; 마 5:12; 고전 15:41-
        42), (2) 이 땅의 삶에서 성화의 정도에 차이가 있
        기 때문입니다. 그러나 영원 안에서 가장 작은 자
        라도 만족할 것이며 불평하거나 질투하지 않을
        것입니다.

제5문   하늘에서 언약 참여자는 어떤 일을 수행할 것입니
        까?

답   그들은 어떠한 흠도 없이 삼위 하나님을 섬길 것

이며, 하나님의 미덕과 사역으로 인해, 하나님이 그리스도 안에서 이루신 놀라운 속량의 사역으로 인해, 하나님이 이 땅에서 아버지와 같이 은혜롭고 다양한 방식으로 우리를 인도해주신 것으로 인해 하나님을 찬양할 것입니다(계 5:9).

제6문 그들은 어디에서 구원을 누립니까?

답 (1) 셋째 하늘에서(고후 5:1), (2) 아브라함의 품에서(눅 16:22), (3) 예수님의 아버지의 집에서(요 14:2), (4) 하나님의 나라에서(마 25:34), (5) 낙원에서(눅 23:43), (6) 모든 의로운 족장, 선지자, 사도, 모든 신자의 무리(계 5:8-9), 그리스도(살전 4:17), 거룩한 천사들이(마 18:10) 함께하는 곳에서.

제7문 이러한 지복은 우리의 이해를 넘어섭니까?

답 진실로 그렇습니다(고전 2:29[1]). 그 이유는 (1) 지복

---

1. 아마도 고린도전서 2:9을 말하는 것으로 보인다.

의 수여자는 지존하시며 어떠한 부족도 없이 충족하신 하나님이시고, (2) 지복을 누리게 될 사람은 원래는 지옥에 떨어져 멸망당해야 마땅한 사람이고, (3) 그들은 많은 자들 중에서 택함을 받았으며, (4) 하나님의 아들께서 그분의 순종과 고난을 통하여 지복을 확보하셨고, (5) 지복 자체가 측량할 수 없을 정도로 대단하며, (6) 지복은 영원무궁하도록 지속될 것이기 때문입니다(시 16:11).

제8문 이러한 구원을 기대할 만한 이유를 가진 사람은 누구입니까?

답 이 땅에서 하나님의 일을 하는 데서 즐거움을 누리지 못하는 사람이 아니라, 이 땅에서 구원의 시작을 체험하고 그리스도 안에서 하나님을 알고 사랑하며 찬양하는 사람입니다(시 34:9-10).

제9문 이러한 진리를 통해 하나님의 백성은 어떠한 도움을 받습니까?

답 이러한 진리는 성도의 용기를 북돋아서 주의 일
에 더욱 힘쓰게 하며(고전 15:58), 성화되게 하며, 안
팎의 모든 역경과 모든 어려움 속에서 격려를 받
게 하며, 참된 위로를 받게 합니다.

39장
교회에 관하여

제1문 장차 올 복락에 누가 참여합니까?

답 택함 받고 거룩하여진 모든 신자들이 이 복락에
참여합니다(계 5:9; 고전 1:1-2). 그들은 그리스도께서
피로 사신 구원이 적용된 자들로서(요 10:27-28), 그
리스도의 참된 교회에 소속된 자들입니다.

제2문 참된 교회는 무엇입니까?

답 성령과 말씀을 통해 세상, 죄, 사탄을 섬기는 데
서 불러내어, 몸의 머리이자 영생의 소망이신 그
리스도 안에 있는 하나님과의 교제에 참여하게

하신(고전 1:1-2), 택함 받고 부름 받은 사람들의 무리입니다.

제3문 참된 교회를 모으시는 분은 누구입니까?

답 일반적으로는 하나님이 교회를 모으시며(히 3:4: 딤전 3:15), 보다 구체적으로는 그리스도께서 유효한 부르심과 회심을 통해 모든 택자를 자신의 교회 안으로 모아 구원받게 하고 자신의 영광에 참여하게 하십니다(요 10:16).

제4문 참된 교회를 어떻게 구분할 수 있습니까?

답 이 땅에 있는 전투하는 교회와 하늘에 있는 승리한 교회로(딤후 4:7-8) 구분할 수 있습니다. 또한 가견적 교회와 비가견적 교회로(시 45:14) 구분할 수 있습니다.

제5문 교회의 속성은 무엇입니까?

답 교회는 하나이며(아 6:9), 거룩하며(벧전 2:5), 보편적입니다(계 5:9).

제6문   교회의 머리는 누구입니까?

답   로마에 있는 교황은 교회의 머리가 아닙니다. 로
마 교황 안에서 발견되는 모든 표지는 적그리스
도적인 것입니다(살후 2:3-10; 딤전 4:1-3). 오직 그리
스도만이 교회의 머리이십니다(엡 5:23).

제7문   교회의 참된 멤버는 누구입니까?

답   진리를 외적으로는 고백하지만 실제로 거듭나지
는 않은 위선자는 교회의 참된 멤버가 아니며, 오
직 택함 받고 중생한 신자들(계 17:14)만이 교회의
참된 멤버로서 그들만이 구원받을 것입니다(요
3:36; 요 3:5).

제8문   무엇이 교회의 멤버들을 연합시킵니까?

답   교회의 참된 멤버들은 믿음과 사랑의 끈으로(엡
3:17) 그들의 공통된 머리이신 그리스도에게 연합

되어 있으며, 멤버들 간에도 사랑의 끈으로 연합
되어 있습니다(벧전 1:22).

제9문   참된 교회의 적은 무엇입니까?

답   참된 교회는 마귀, 세상, 죄 용서를 받지 않은 세
속적인 사람들, 죄, 이단, 적그리스도, 짐승을 경
배하는 자들과 끊임없이 싸워야 합니다. 그럼에
도 이 싸움은 언젠가는 끝날 것이며, 교회는 머리
되신 그리스도 안에서 영광스럽게 승리할 것입니
다(마 16:18; 사 40:1-2; 딤후 4:7-8).

제10문   참된 교회의 표지는 무엇입니까?

답   외적인 사랑, 유구한 역사, 외적인 번영, 고백자의
많은 숫자 등은 참된 교회의 표지가 아닙니다. 참
된 교회는 (1) 성경이 믿음과 삶의 유일한 규범으
로 받아들여지고 경험되며, (2) 그리스도께서 유
일하고 완벽한 구속자로 제시되며, (3) 하나님의
말씀과 성례가 예수님이 제정하신 대로 베풀어지

며, ⑷ 마음과 말과 삶의 행실에서 그리스도의 진리가 발견되고, 고백되며, 드러나는(요 10:27; 엡 4:21-24) 곳에서 발견됩니다.

제11문 이러한 사람들을 어디서 찾을 수 있습니까?

답 종교개혁에 의해 개혁된 교회 안에서 이 모든 표지들이 가장 분명하게 발견됩니다. 참된 멤버들은 이러한 표지들을 성령을 통해 하나님의 말씀에 따라 경험합니다(고전 2:12-13; 시 37:31).

제12문 교회에 관한 교리로부터 배울 수 있는 것은 무엇입니까?

답 단지 입으로 진리를 고백하며 언약의 표에 참여하는 것으로 만족하면 안 되며(계 3:1), 마음을 변화시키는 은혜를 통해 자신이 교회의 살아 있는 멤버라는 것을 드러내고 확실하게 해야 합니다(요 5:2[1]).

---

1. 아마도 요한복음 15:2을 말하는 것으로 보인다.

40장
교회 정치에 관하여

제1문 이 땅에 있는 교회는 어떻게 다스려집니까?

답 신약 시대에 그리스도께서는 세상 집권자나(마 20:25) 권세들이나 교회의 일반 멤버들을 통해 이 땅에 있는 그분의 영적 교회를 다스리지 않으시며, 임의로 권위를 행사하지 않고 그리스도의 종으로 행하는 목사와 사역자와 장로를 통해 교회를 다스리십니다(엡 4:11; 행 20:17, 28).

제2문 그리스도의 교회 안의 올바른 목회자는 누구입니까?

답   추수하는 하나님으로부터 모든 필요한 능력과 은
      사와 은혜를 받은 사람입니다. 하나님에 의해 회
      중을 섬기도록 적법하게 부름 받은 사람이며, 왕
      을 위해 영혼을 얻고자 하는 사람이며, 영혼을 동
      정하는 따뜻한 마음으로 진지하고 신실하게 모든
      맡은 일을 행하면서 그리스도의 능력으로 회중을
      감독하는 사람입니다(요 21:15-17; 딤전 3:1-7).

제3문 목사의 사역과 의무는 구체적으로 무엇입니까?

답   (1) 자기 자신과 자신에게 맡겨진 회중을 위해 간
      절히 기도하며(살전 3:10), (2) 율법과 복음을 신실하
      게 분별하면서 선포하고, 설명과 권면과 지도와
      격려를 통해(고후 5:19-20) 성령과 그 능력을 나타내
      는 것입니다.

제4문 장로의 사역과 의무는 무엇입니까?

답   (1) 회중의 상태를 잘 알고, 가르치고, 권면하며,
      (2) 신자들을 인도하고guide, 위로하며(행 20:28), (3)

병든 자를 심방하는 것입니다(약 5:14).

제5문 **회중의 멤버 가운데 회심하지 않은 자와 회심한**
자를 분별하는 것도 목회자의 의무입니까?

답 하나님의 말씀은 많은 곳에서 이것을 가르치고
명령합니다(겔 13:22, 44:43[1]; 렘 15:19; 마 7:16, 10:11; 유 22-
23). 목회자가 그러한 분별을 하지 않는다면 신실
하게 설교하고, 심방하고, 기도하고, 각자에게 지
정된 몫을 주는 데 실패할 것입니다.

제6문 **회중은 그들을 목양하는 신실한 목사와 감독에 대**
해 어떤 의무를 갖습니까?

답 (1) 그들의 사역 때문에 사랑 안에서 그들을 존경
하며, (2) 그들의 권면과 책망에 순종하며 복종하
고(히 13:17), (3) 그들에게 많은 기도가 필요하기 때
문에(히 13:18) 그들을 위해 많이 기도하며, (4) 병에

---

1. 아마도 에스겔 44:23을 말하는 것으로 보인다.

걸렸을 때 그들을 부르는 것입니다(약 5:14).